Barbara Noack

# So muß es wohl im Paradies gewesen sein

Barbara Noack

# *So muß es wohl im Paradies gewesen sein*

Kreuzfahrt-Abenteuer

Langen Müller

Lektorat: Bernhard Struckmeyer
Umschlaggestaltung: Peter Schimmel, München
Satz: Filmsatz Schröter GmbH, München
Gesetzt aus 11/13 Punkt Palatino
auf Linotron 202
Druck: Jos. C. Huber, Dießen am Ammersee
Binden: Thomas Buchbinderei, Augsburg
Printed in Germany 1984
ISBN: 3-7844-2003-6

»Es ist was passiert!«

Wolfgang Rademann war mein Tischnachbar auf einer knüppeldickevollen Fernsehparty. Er mimte den Strahlemann nach rechts und links, hatte auch allen Grund dazu, war ihm an diesem Abend doch ein TV-Preis verliehen worden.

Plötzlich unterbrach er seine Munterkeit und schielte wachsam rückwärts. Hinter unseren Stühlen drängelten sich Ober mit gefüllten Sekttabletts.

»Hier bleib ick nich, neehee – hier krieg ick wat ab«, teilte er mir mit und tauchte seitlich aus der Szene. Ich leider nicht, das war ein Fehler, denn eine Minute später ergoß sich der Inhalt von fünf Sektkelchen auf meine empfindliche Sonntagsbluse.

Auf der Damentoilette meinen pitschnassen Rücken unter den Handtrockner haltend, dachte ich über Rademann nach. Dieser Mensch hat immer zur rechten Zeit den richtigen Riecher. Ob es sich nun um eine unerwünschte Promilledusche auf einer Party handelt oder um eine Fernsehserie. Ich habe diesen Riecher leider nicht. Wenn ich nur daran denke, wie ich ihm seine Kreuzfahrtserie »Das Traumschiff« madig gemacht habe. Damit gehst du baden, habe ich geunkt. Das wird ein Riesenflop! – Und das tat mir so leid für ihn und auch für mich, die ich ihm zwei Geschichten dafür geschrieben hatte.

Doch was ist aus der Serie geworden? Die größte deutsche Kahnpartie aller Zeiten. Rund 25 Millionen Bundesseher sind jeden Sonntag abend vor der Glotze mitgedampfert.

Den oben erwähnten TV-Preis hat W. R. übrigens als erfolgreichster Produzent des Jahres für eben dieses »Traumschiff« erhalten.

Dieser Erfolgsmensch Rademann – Junggeselle, Organisationsgenie, Jogger zwischen Hotel, Taxi und Flughafenschalter – erholt sich von der Arbeit mit neuer Arbeit. Er kann nicht anders. Selbst wenn er unter Palme 17 (seine Worte) Ferien macht, hat er sein Büro auf der Badehose ausgebreitet und liest und plant. Fragt man sich, wozu düst er überhaupt in die Karibik! Strandbad Wannsee hätte es auch getan, denn: Palme sieht er nicht, Landschaft und Baustile interessieren ihn nicht, er bemerkt höchstens einen hübschen Busen. Seine eigene Wohnungseinrichtung hat er komplett in einer Stunde zusammengekauft. Mehr Zeit hatte er für so was Nebensächliches nicht. Frage: Und wie sah's nachher aus? – Da muß er selber lachen: Na, fürchterlich!

Rademanns Markenzeichen ist seine Berliner Schnauze. Selbst sein Englisch kommt hörbar von der Spree. Sein Lieblingsausspruch »Aba mit Herß!« hängt seinen Autoren als Mahnung im Ohr (»Herz« mit Berliner Lispler am Ende). »Herß und Humor – det wollen die Leute, vor allem in schlümmen Sseiten!«

Rademann weiß das aus Erfahrung. In seiner Jugend im Bombenhagel und auch später war das Kino an der Ecke seine Zuflucht vor der oft bitteren Realität. Dort konnte er neunzig Minuten lang vom Alltag abheben dahin, wo

es glitzert und geigt und Glamourstars eine Treppe herunterschreiten und das Gute immer siegt und Aschenbrödel seinen Prinzen kriegt und das Publikum feuchte Augen und keiner hungern muß und – na, eben Traumfabrik. Aus dieser Ecke hat er wohl den Titel für seine »Traumschiff«-Serie geholt.
Schlechte Kritiken stören ihn nicht. Sozialkritisches streicht er seinen Autoren aus den Manuskripten. »Die Zuschauer wollen abends relaxen und träumen«, sagt er. »Trouble haben sie tagsüber selber genug.«

Die Außenaufnahmen für die ersten sechs Stundenfolgen der Serie wurden 1980 in zwei Etappen gedreht.
Dazu reisten jedesmal 25 namhafte Schauspieler von Bühne, Film und Fernsehen nach Übersee. Einige von ihnen konnten gar nicht genug beteuern, wie sehr es unter ihrem künstlerischen Niveau wäre, bei so einer Populär-Serie mitzumachen. Aber wo bleibt der Charakter, wenn man mitten im Winter in die Karibik fliegen, umsonst eine Kreuzfahrt machen darf und dafür auch noch bezahlt wird, nicht wahr?

Außer den Schauspielern flogen 23 Mann vom Stab mit. Zu ihnen gehörten der Regisseur, der Kameramann, der Tonmeister, ihre Assistenten, die Aufnahmeleiter, der Produktionsleiter, das Scriptgirl, Garderobieren, Maskenbildner, der Kassengeschäftsführer sowie der zuständige Redakteur vom ZDF. Und natürlich Produzent Rademann.
Als er nach der ersten Etappe zurückkam und so urig erzählte, wie es gewesen war, hielt ich ihm mein Aufnahmegerät vor die Nase und beschloß, eine Reportage daraus zu machen.

Rademann:
»Also ick sage dir, ich war ja noch nie mit so nem großen Haufen unterwegs. Kommste dir vor wie'n Hütehund. Immer wieda kreiste jachelnd um deine Herde. Ob sie auch alle da sind. Ob auch keiner fehlt. Das war so in Frankfurt, wo wir uns alle versammelt hatten. Bis auf die Monn. Gleich beim Abflug nach Miami fehlte Ursela Monn. Die war noch in Zürich.
Mußten wir also unsern Jumbo aufhalten, damit se noch zusteigen konnte. Die Zürcher

Maschine kam, bloß wer war nicht drin? Die Monn. Erst auf den Bahamas isse zu uns gestoßen – mit ihrem Säugling. Den hat se überall mit hinjeschleppt und geschaukelt. Bei der Affenhitze! Ob dis wohl jut is für so 'n kleenet Wurm? Wat meinste?«

Auf dem Flug nach Miami bildeten sich bereits die ersten Grüppchen. Die Feinen fanden zusammen und die Lauten, und ein paar fanden den Whisky zufriedenstellend. Rademann auf seinem Sitz vor der Kinoleinwand brütete indessen über seinem schwierigsten Problem: der Tischordnung auf dem Schiff.

»Stell dir vor, du sitzt dreimal täglich mit jemand zusammen, den de nich riechen kannst, und dis vierzehn Tage lang –! Dis ruiniert dir nich bloß den Appetit.«

Wer paßte also zu wem und war noch nicht von früher her verkracht? Einerseits gab es Naturapostel und Leistungssportler unter den Darstellern und andererseits die großen Schlucker, die jede Bar sprengen. Unter diesen gab es nun wieder so ne und solche. Der Ivan Desny zum Beispiel legt selten sein Glas ab, bleibt aber immer ein Herr.

Nach neun Stunden Flug kamen sie endlich in Miami an, stiegen aus und standen herum. Sämtliche Maschinen, die nach ihnen landeten, wurden ausgeladen, nur ihre nicht. Das Transportband war gerissen, und die Gepäckträger weigerten sich, die 210 Koffer der Truppe zu schleppen. Also mußten zusätzliche Träger mobilisiert werden. Nach vierstündigem Warten bekamen sie endlich ihr Gepäck, dafür war der gecharterte Bus fort. Bis Ersatz eintraf, dauerte es noch mal eine halbe Stunde.
Rademann: »Nu stell dir unsern müden Haufen vor! Dicke Beene vom langen Sitzen, im Kopp total mewulve, viele meckern. Einer randaliert nach Bier. Und dann hatten wir ja auch alte Schauspieler dabei. Die waren schon ganz verzagt. Na, endlich kam der Bus, wir alle rin. Ick sagte mir, mach ma 'n bißchen Stimmung, heiter sie auf, und nahm det Busmikrophon: ›Meine Damen und Herren, nu sind Se in Miami. Duftet Wetta – schön warm – Palmen und Meer!

Gleich komm' wa in unser Luxushotel – kann sich nur noch um Minuten handeln. Denn ham Se allet überstanden.‹ Wir biegen also in Miami Beach ein und fahrn an einem Hotelpalast nach'm andern vorbei. Ich denke: Nanu? Hier sind wa doch richtig, wieso halten wir nich? Aber wir fahren imma weiter, die Absteigen werden immer schäbiger und icke imma munterer, mach Stimmung, denn nu kommen bloß noch Hütten. Endlich hält der Bus vor einem mickrigen Etablissemang. Draußen steht auf deutsch ›Hier ist was los!‹ dran. Au Backe, denke ick, Luxushotel haste ihnen versprochen und nu det –! So war es denn auch. Die Zimmer stanken wie abgestandnes Blumenwasser, die Schauspieler moserten, zu essen gab's ooch nischt.«
Sie kehrten schließlich in einem Steakhouse nahe der Luxushotels ein. Von außen war es Baracke, von innen Talmi. »Konnteste drin verbittern.«

Miami ist ein vielseitiger Ort, zumindest zum Aussprechen. Die Amerikaner sagen Meiämi mit der Betonung auf dem offenen

ä, das beinahe schon seine Pünktchen verliert. Die Franzosen sagen Miiamii, als ob sie von einem Freund sprechen, und die Deutschen bevorzugen die Betonung auf der ersten Silbe: Maiammi.
Miami ist ein Altersheim. Man fragt sich, warum kommen so viele Rentner hierher? Um Heizkosten zu sparen? Also da gibt es wirklich liebenswertere, originellere und malerischere Orte auf der Welt, in denen man ohne Bollerofen vergreisen kann.

Aber zurück zu unserer TV-Gruppe. Wenigstens zwei von ihnen kamen hier voll auf ihre Kosten. Erstens der Gerhard Lamprecht. Er schnappte sich ein Taxi, um Miami by night zu inspizieren, und geriet dabei an einen Fahrer, der ihm vor Glück an die Brust sank, als er hörte, daß Lamprecht aus Berlin kam. Vor dreißig Jahren war er selber dort als Soldat stationiert gewesen. Seine schönste Zeit. Und ob wohl die Olly aus der Sundgauerstraße noch lebte –? Oh Jesus, what a cute girl – vor dreißig Jahren.
Die zwei machten eine »Sause« durch die einschlägigen Lokale bis zum nächsten Mor-

gen. Da wußte Lamprecht nicht mehr so recht, wie der Ort und das Meer hießen, an dem er sich befand. Um zu ernüchtern, legte er seine Kleidung ab und stieg ins kühle Naß. Als er wieder hinauskam, bedrohten ihn sittlich empörte Rentner. Nun wußte Lamprecht mit Sicherheit, daß er nicht in Sylt war.

Die junge tschechische Schauspielerin Miroslava Safrankova war zum ersten Mal in ihrem Leben im Ausland. Sie hatte noch nie eine Palme ohne Topf und ohne Restaurant mit Stehgeiger gesehen. Und jetzt ganze Alleen von Palmen, direkt aus dem Bürgersteig bis hoch, hoch in den blauen Himmel wachsend. Am liebsten hätte sie jede einzelne geknipst.

Über nichts hat sie sich beschwert. Für sie war alles neu und überwältigend, und sie konnte ihr Glück auch so schön zeigen.

Rademann: »Wat die allet jesehn hat, Mensch! Die hatte noch nich den ausjelatschten Blick von unsern übersättigten Touristen, denen de mit nischt mehr imponieren kannst. Die war einfach happy. Dankbar und happy. Det janze Team war in ihre

Freude verknallt. Unser kleener Sonnenschein war det. Tatsache.«
Wenn sie sich nur nicht in einen der Aufnahmeleiter verliebt hätte und er sich in sie. Seinetwegen verließ sie ihren Mann in Prag. Ihretwegen verließ er seine Familie. Zu Rademanns allergrößtem Mißvergnügen. Solche Art von Happy-End mag er nicht. Würde er in keinem Drehbuch, das er in Auftrag gibt, zulassen. Notfalls schreibt er es selber um, bis die Welt wieder heile-heile gepustet ist. (Ohne Rücksicht auf den händeringenden Autor!)
Miroslava und der Aufnahmeleiter haben längst geheiratet. Trotzdem. Das ist nichts nach Rademanns Geschmack. Bei ihm wird nicht geschieden und wenn, dann dieselbe Sache wiedergeheiratet. Is det klar, ja?

Machtlos ist er allerdings gegen die Überraschungen und Gags, mit denen der Autor *Schicksal* seine Dreharbeiten spannungsvoll würzt.
Hier ein paar Kostproben.
»Auf unserer zwoten Reise zu den Außenaufnahmen passierte gleich beim Anflug auf

Mexico City ein dollet Ding. Es gab plötzlich ein unjeheures Jerumpel in der Maschine, alle flogen durch'nander. Was war passiert? Eine mexikanische Militärmaschine ohne Radar hatte sich vor unsern Bug jeträumt. Wir sind noch in ihren Sog geraten. Zwanzig Sekunden früher, und wir wären alle abjeschmiert. Hat der Pilot jesagt. Nu stell dir mal den Verlust fürs deutsche Fernsehen vor, wenn wir alle baden jegangen wärn! *Die* Besetzungsschwierigkeiten!
Allein drei jugendliche Liebhaber hatten wir an Bord – Herbert Herrmann, Christian Quadflieg und Sigmar Solbach. Und wo es in dem Fach eh am Nachwuchs hapert!«

Die Truppe übernachtete in Mexico City und flog am nächsten Morgen weiter nach Cozumel, einer von schweren Wirbelstürmen gezeichneten Insel vor der mexikanischen Halbinsel Yucatan. Die Einwohner sind Mayas, denen man ähnliche Witze anhängt wie bei uns den Ostfriesen und den Burgenländern. Auf dem Flug dorthin machten sie Zwischenlandung in Merida, wobei die Passagiere nach Cozumel die Maschine nicht verlassen sollten. Das kriegten alle mit bis auf zwei Schauspieler. Herrn B. sah Produktionsleiter Horst Schäfer zufällig vom Fenster aus über das Flugfeld wandeln, stürzte ihm nach und fing ihn noch rechtzeitig ein. Die Dame M. entkam unbemerkt.

Von einem Taxi ließ sie sich in das Hotel Karibik fahren. Dort wartete sie im Foyer auf die Ankunft der Truppe und ihres Gepäcks. Es kam aber nichts.

Nach einer Stunde wurde sie mißtrauisch und fragte den Portier: »Ach, bitte, ist das hier das Hotel Karibik?«

»Ja, Miss, das ist das Hotel Karibik.«

»Ist das auch das Hotel Karibik in Cozumel?«

»Nein, Miss, das ist das Hotel Karibik in Merida.«

»Ach, dann bin ich ja falsch!«

Nun saß sie in der Bredouille. Eine Maschine ging erst am nächsten Vormittag. Mit einem Tag Verspätung traf sie im Hotel Karibik in Cozumel ein.

Gleich bei ihrem ersten Bad wurde sie von einem Krebs gebissen. Der wollte wohl Rache nehmen für all seine gegrillten Artgenossen, die unsere Truppe am Vorabend verspeist hatte.

Rademann: »Wenige Tage später hatten alle – außer mir – ihre Wunden weg. Dabei hab ich sie so jewarnt: Kein Obst, kein Eis, keine drinks on se rocks, keine Salate! Aber nee, sie können ja nich hören. – Nu hatte Montezumas Rache fürchterlich zujeschlagen. Selbst alte Profis, die es wissen müßten, hockten pausenlos hinter ner Palme. Die ganz schweren Fälle lagen mit Fieber zu Bette. Ständig wehte ne Klorolle an der Kamera. Dis war vielleicht ne Traumscheiße, Mann –! Dabei sollste nu den Drehplan einhalten.«

Eines Nachts – kurz vorm Schlafengehen – griff sich Regisseur Umgelter plötzlich an die Brust, als ob er einen Herzanfall hätte. Griff gleich hinterher an sein Gesäß, sprang auf, drehte seinen Stuhl um, alle Umsitzenden drehten ebenfalls ihre Stühle um, dann guckten sie unter den Tisch und danach sich gegenseitig an. Umgelters Brieftasche war weg mit allem, was einen gültigen Staatsbürger aus ihm machte. Ohne seinen Paß mit

amerikanischem Einreisevisum konnte er nicht mal in den Staaten landen, um an Bord der »Vistafjord« zu gehen.
Wolfgang Rademann sah rosige »Traumschiff«-Zeiten auf sich zukommen. Ohne Regisseur konnte er ja schlecht drehen.
»Nun denken Se mal ganz genau nach! Wo sind Sie heute abend allet gewesen?«
»In einem Restaurant.«
»In welchem?«
Das wußte Umgelter nicht mehr.
W. R.: »Nehmen Se den Produktionswagen und fahren Se schnell die Restaurants ab, bevor die Feierabend machen.«
Dazu brauchte Umgelter den Autoschlüssel, aber der war in der Tasche vom Aufnahmeleiter, bloß wo war der? Sie mußten ein Taxi bestellen. Umgelter warf sich mit Nervenkrise hinein, sein Assistent warf sich ihm nach.
Auf der Fahrt ins Zentrum drehte sich der Taxifahrer plötzlich um und fragte auf englisch, ob sie zufällig Deutsche wären.
Ja, wären sie. Und ob er nicht ein bißchen schneller fahren könnte. Der Taxifahrer mischte sich immer wieder unaufgefordert

in ihre nervösen Überlegungen, wo die Brieftasche wohl sein könnte. Schließlich hörten sie ihm ungeduldig zu. Der Mann sagte, er hätte an diesem Abend einen Deutschen gefahren, der hätte seine Brieftasche in seinem Taxi verloren. – Nu stell dir den Zufall vor! Auf so ner Urlaubsinsel wie Cozumel jibt's Taxis wie Sand am Meer, und ausjerechnet dis eene holt Umgelter ab! In der Tasche hat nischt jefehlt, kein Ausweis, keine Kreditkarte und keine müde Mark. Dabei hatte Fritze mehr Peseten und Dollars bei sich, als so 'n armer Deibel in zwei Jahren verdient. Nu, er hat's ihm jelohnt. – Aber so eine Jeschichte in nem Drehbuch – nee, also nee, die nimmt dir keiner ab. Dafür ist der Zufall viel zu dicke aufjetragen. Und denn noch 'n grundehrlicher Mexikaner in so nem pudelarmen Land! Nee ...«
Das war selbst für W. R.s Verhältnisse ein viel zu dickes Rührei.

Mexiko war abgedreht bis auf ein paar Szenen in Chichen Itza. Dafür wurden nur Umgelter, Kameramann Gero Erhardt, Pressefotografen, Maskenbildner, Garderobiere und drei Schauspieler benötigt. Der Rest der Truppe flog bereits nach Miami, um in Fort Lauderdale an Bord der Vistafjord zu gehen. Von allen restaurierten archäologischen Stätten Mexikos ist die einstige Mayastadt Chichen Itza die größte und vielleicht auch eine der schönsten. Sie liegt im Landesinnern. Die Drehgenehmigung war von der Regierung abgelehnt worden, ebenso die Bitte um eine Sondergenehmigung. Statt dessen gab man den TV-Leuten die Drohung mit auf den Weg: Wenn ihr trotzdem dreht, werdet ihr des Landes verwiesen und eure Kameras beschlagnahmt.

»Na, det wollten wir ja nu nich riskieren«, erzählte W. R. »Aba drehen mußten wir trotzdem. Wir hatten ja schon die Anschlußszenen im Atelier gefilmt. Nu war juter Rat teuer. Mit nem kleenen Fliejer flogen wir erst mal nach Chichen Itza. Kennste zufällig die Rollbahn von Chichen Itza? Nee? Kannste fünf Rüben druff züchten, mehr nich. Ein erhebendet Jefühl, da druff zu landen. Und wem hatten wir das zu verdanken? Deinem schlauen Drehbuch!«

Stimmt ja, ich hatte ihm eine Geschichte über

einen »Pfau im Korb« geschrieben, einen nicht mehr ganz taufrischen Beau (Ernst Stankovski), der von der Einsamkeit alleinstehender, betuchter Frauen profitiert.
In Chichen Itza stieg er einer attraktiven Bordbekanntschaft (Anaid Iplicjan) die 364 Stufen des Kukulcán-Tempels nach. Hinauf schaffte er es geradeso, aber runter bloß auf allen vieren, mit dem Rücken zum Abgrund.
Unser kleines Team landete also in Chichen Itza weitab von der Pyramide, es war elf Uhr, es war brütend heiß so mitten im Land ohne Seebrise. Dazu die Luftfeuchtigkeit. Bleischwere Koffer und Kameras mußten zum Drehort getragen werden. Jeder packte mit an. Auch die Schauspieler schleppten schweißgebadet, mit ausgeleierten Armen.
Rademann: »Und dann freuste dich ebend, wenn de so dufte Leute mit dabei hast.«
Unter dem einzigen schattenspendenden Baum im weiten, staubigen Rund setzten sie ihre Koffer ab und hängten die mitgebrachte Garderobe in die Zweige. Überall standen Aufpasser herum und belauerten die TV-

Leute: Naaa –?? Wollen die etwa hier filmen???
Eingebrockt hatten die Amerikaner das strikte Drehverbot, indem sie mit Raquel Welch eine Musikshow auf mexikanischen Pyramiden produzierten. Mexikos Kulturheiligtümer als Dekoration für trällernde, beinschwingende Sexpuppen, das war zuviel für die Kunsthistoriker. Das gab einen nationalen Aufstand.
Kaum wurden die Schauspieler geschminkt, schwärmten die Aufseher bedrohlich näher. Umgelters Dolmetscher beruhigte sie: Das werden bloß Modefotos.
Aber nicht einmal die wollten sie gestatten, und es waren zu viele Aufseher, um sie alle zu bestechen.
»Umgelter«, sagte W. R. »Sie müssen sich ne Notlösung einfallen lassen. Nu denken Se mal nach.«
Umgelter dachte und hatte eine geniale Idee: »Wir spielen Touristen und fotografieren das Ganze, statt es zu filmen. Davon mache ich eine Montage und lege den Text drüber – das sieht nachher wie ein Regieeinfall aus.«

Gesagt, getan. Regisseur, Kameramann, Schauspieler, Pressefotografen stiefelten in der Mittagshitze die Pyramide hoch. Die Schauspieler spielten ihre Szene durch, die Fotografen knipsten 1200 Fotos, während die Untengebliebenen mit den Aufpassern einen Streit anfingen, um sie vom Team abzulenken. »Aber wir haben dabei nich bloß Wasser jeschwitzt, dis kannste mir glauben.«
Nachdem sie die benötigten Szenen im Kasten hatten, stiegen sie erleichtert in einen Kleinbus, der sie nach Cozumel zurückbringen sollte.
Stundenlanges Rattern über endlose, schnurgerade Straßen zwischen hohem Urwald, über dem Geier kreisten. Diejenigen, die auf der linken Seite des Busses saßen, zerflossen wie Emmentaler auf heißer Herdplatte, und diejenigen auf der rechten Seite schlotterten mit frostroten Nasen. Dazu gehörten Rademann und Umgelter. Die Air-condition war einseitig kaputt.
Fritz Umgelter holte sich dabei eine schwere Bronchitis, die er während der ganzen Reise nicht mehr loswurde. Er war damals schon viel kränker, als alle ahnten.

Stattliche 191 m lang, 25 m breit, 25000 BRT groß, zehnstöckig, weiß mit gelbem, buntgestreiften Schornstein – das ist der neue TV-Star »Vistafjord«. Rademann hatte diesen Kreuzfahrtdampfer der Norwegischen Amerika-Linie als Traumschiff ausersehen.
Seine 350 Mann starke Besatzung ist ein Völkergemisch aus 27 Nationen. Norweger haben die Nautik unter sich, Deutsche, Österreicher und Schweizer stehen an den Kochtöpfen, zwei Dänen backen ab 12 Uhr nachts die Brötchen, Chinesen versorgen die Wäscherei, mindestens ein Koreaner ist immer mit Kartoffelschälen beschäftigt und auch sonst die Emma fürs Grobe.
In den Kühlräumen lagern 80 Tonnen Rind aus den USA, 50 Tonnen germanisches Kalb und 50 Tonnen Fisch aus Hammerfest/Norwegen, außerdem alles leicht Vergängliche vom Käse bis zur Blumendekoration.
Wenn man die Küchenräume betritt, fallen einem überall Schilder auf: »Wash your hands often« und dasselbe noch mal auf koreanisch. Die Hygienevorschriften sind außergewöhnlich streng. Die Metzgerei ist

der »Hobbyraum« der Inspektoren von der amerikanischen Gesundheitsbehörde. Sie nehmen hier alles auseinander auf der Suche nach einer Bakterie, die sich hinter einem Schräubchen versteckt haben könnte.
Die also keimfrei umsorgten Passagiere kaufen sich beim ersten Landausflug ein einheimisches Eis und – batsch.

Wenige Stunden vor Auslaufen der Vistafjord erreichten Rademann und das Chichen-Itza-Team den Hafen von Fort Lauderdale, wo die Vistafjord vor Anker lag. Die übrige Truppe hing über der Reeling und grölte abwärts zur Begrüßung.
W. R. mit feierlicher Stimme: »Tjaa – und denn kommt mein großer Moment, wenn det Schiff in der Dämmerung ausläuft und tutet. In vielen Fenstern der anliegenden Häuser jeht det Licht an und aus und an, als ob se zwinkern, und die Sirenen machen hüüüü und alle Autos hupen: tschüs. Also denn krieg ick jedesmal wieder ne Jänsehaut. Tatsache. Am liebsten würde ick alle Darsteller an Deck schleppen, damit se dis

miterleben. Aber denn sitzen die ersten schon beim Abendessen und woll'n nich, und denn möchte ich sie am liebsten mit'm nassen Lappen erschlagen, weil ihnen ihre Bulljong wichtiger is als dieses herrliche Schauspiel. Aber es gibt ooch andere. Denen isses wurscht, ob ihre Suppe kalt wird, die kommen mit rauf an Deck und finden die Ausfahrt toll, und dis werden denn meine Freunde.«

Noch lag die Vistafjord am Kai.
Rademann packte gerade seinen Koffer aus und freute sich auf den ersten Mai-Tai mit viel Eis und ohne Angst, dafür von Montezuma bestraft zu werden. Da klopfte es an seiner Kabinentür. Herein kam Horst Schäfer, der Produktionsleiter.
»Wolfgang, es ist was passiert!«
»Mach keene Witze, Junge.«
»Das ist kein Witz. Sabine von Maydell hat sich kein amerikanisches Einreisevisum besorgt. Was bedeutet, daß man sie in Cozumel nicht in die Maschine nach Miami hat einsteigen lassen. Der Opitz ist bei ihr geblieben, weil er spanisch spricht.«

Aufnahmeleiter Opitz sollte seine Sprachkenntnisse auf dieser Reise noch verfluchen lernen, denn sie machten ihn zum Katastrophenhelfer der Truppe, was bedeutet, daß er ständig im Einsatz war.
Opitz fragte in Cozumel nach dem nächsten amerikanischen Konsulat. Das war in Merida. Also flogen sie nach Merida. Als sie dort ankamen, hatte das Konsulat schon zu. Wo war das nächste? In Mexico City. Na, das war ja gleich um die Ecke, nur etwa 900 Kilometer entfernt. Mit der nächsten Maschine hoben sie ab nach Mexico City. Ein klappriges Taxi, das bei der geforderten Höchstgeschwindigkeit nur kraft seines Madonnenbildes vorm Auseinanderfallen bewahrt wurde, brachte sie zur amerikanischen Botschaft. Selbige hatte wegen Nationalfeiertag seit zwei Minuten geschlossen.
»Kommen Sie in drei Tagen wieder«, wurde ihnen geraten.
Opitz – den Tränen nahe – bekniete einen Angestellten so lange mit gerungenen Händen, bis dieser seine Stempel noch einmal auspackte und Sabine von Maydell ein Einreisevisum in den Paß drückte.

Zurück zum Flughafen. Dort wartete die nächste Ohnmacht auf die beiden: Sämtliche Flüge nach Miami waren für zwei Tage ausgebucht. Es war ja langes Wochenende, und da fliegen die Mexikaner gern nach Florida. Opitz bestach einen Flughafenbeamten. Der stellte ihnen sozusagen noch einen Stuhl in die Erste Klasse.

Eine Stunde vor Abfahrt der Vistafjord trafen sie mit zerrütteten Nerven, aber unendlich erleichtert in Fort Lauderdale ein. Das Schiff hätte ihretwegen nicht gewartet.

W. R.: »Na, nu war ja alles jut. Aber den teuren Rundflug hab ick ihr von der Gage abjezogen.«

Als ob die Maydell nicht schon genug für ihre Schusseligkeit gebüßt hätte –! Also mir könnte so was auch passieren. Wolfgang niemals. Er übersieht nichts und vergißt nichts – dafür hat er seine vielen Zettelchen.

Die Küste von Florida versank in der Nacht. Rademann gab sich gerade relaxed dem Studium der Speisekarte hin, als Horst Schäfer an seinen Tisch trat und mit verdächtig behutsamem Tonfall in der Stimme »Bestell dir erst mal einen Drink, Herr Rademann« sagte.

»Großer Jott, wat nu schon wieda?« ahnte dieser Unersehntes voraus.

»Zwei Kisten fehlen. Eine mit Lampen und eine mit Kostümen.«

»Wo sind die Kisten?«

»Verschollen. Wahrscheinlich in Mexico City stehen geblieben.«

»Welche Kostüme sind drin?«

»Alle die, die wir für die nächsten Tage zum Drehen brauchen.«

Aus war es mit einem legeren ersten Abend an Bord. Umsonst die wochenlange Mühe beim Zusammenknobeln der Drehpläne. (So ein Plan enthält die für einen Tag vorgesehenen Szenen, Drehorte, Motive und Dekorationen, die Namen der dazu benötigten Darsteller sowie eine präzise Zeiteinteilung für Maske, Garderobe und Drehbeginn. W. R.: »Diese Pläne sind sehr wichtig, denn die Schauspieler werden nach Tagesgage verpflichtet. Drehste mit ihnen bloß zehn Minuten außerhalb der festgesetzten Zeit, langen sie nach mehr Gage hin.«)

Bis zum Morgengrauen tüftelten Umgelter

und der Stab neue Pläne aus, bei denen die fehlenden Kostüme nicht gebraucht wurden. Sie konnten leider nicht improvisieren, weil die Anschlußszenen bereits im Atelier gedreht worden waren. Und wenn Maria Sebaldt in diesen ein grünes Kleid trägt, kann sie nicht plötzlich in einem roten weitermimen. Das fällt selbst dem verträumtesten Zuschauer auf.

Inzwischen hatte eine telefonische Suchaktion ergeben, daß die Kisten in Cozumel stehen geblieben waren. Sie sollten zum nächsten Hafen umgeleitet werden, den die Vistafjord anlief: das war Hamilton auf den Bermudas.

Rademann: »Wir kommen also nach Hamilton. Opitz, unser überstrapazierter Aufnahmeleiter, eilt sofort zum Flughafen, um sie abzuholen. Es dauert nicht lange – da isser wieder da. Ohne Kisten. ›Wo sind die Kisten, Opitz?‹ – ›Sie werden's nicht glauben, aber die sind beim Umladen in Baltimore stehen geblieben.‹ Weeßte, wo Baltimore is? Nördlich von Washington. Naja, so ne Kisten kommen ebend rum in der Welt. Wir hockten bloß noch am Telefon, und det is so mühsam über Funk. Hunderte von Mark ham wir vertelefoniert. Aber denn hatten wir die Zusicherung, daß am nächsten Mittag die Kisten via New York bestimmt in Hamilton landen würden. Na jut. Wir zum Kapitän: ›Wann laufen wir morgen aus?‹ – ›Um siebzehn Uhr.‹ Das war kein Problem. Unsere Kisten würden um vierzehn Uhr dreißig eintreffen.

Schnitt.

Nächster Morgen. Wir ahnen nischt Böset, plötzlich Jebrabbel im Lautsprecher: ›Achtung, Achtung, eine Durchsage. Hier spricht der Kapitän. Wir haben soeben von der Hafenbehörde erfahren, daß heute nachmittag ein Streik beginnt. Wir müssen deshalb die Abfahrt von siebzehn Uhr auf vierzehn Uhr vorverlegen, weil wir sonst nicht mehr den Hafen verlassen können.‹

Also det hältste im Koppe nich aus –!

›Ooooopitz! Opitz!! Wo steckt er denn?‹

Er kam. Man sah ihm inzwischen sein Heimweh nach jeordneten Verhältnissen an.

Große Krisensitzung. Um 14 Uhr verlassen wir den Hafen. Um vierzehndreißig kommen unsere Kisten auf dem Flughafen an.

Opitz weigert sich, mit den bleischweren Dingern nachzuschwimmen. Beschluß: Opitz holt die Kisten vom Flughafen ab, besteigt mit ihnen eine Barkasse und fährt raus auf See, wo die Vistafjord wartet und alle drei an Bord nimmt. Außerhalb des Hafens ist ja kein Streik. Alles klar? Alles klar.
Schnitt.
14 Uhr. Sämtliche Passagiere sind an Bord. Anker hoch, Trossen los, der Kahn verläßt den Hafen. Kaum biegt er in die offene See, fängt er an zu schaukeln. Ein Sturm war aufjekommen. Es dauerte nich lange, da sahen wir die Barkasse durch die Wellen auf uns zuhüpfen. Mit Opitz und den Kisten an Bord. Na Jottseidank. Da war'n se endlich.
Denkste.
Wir konnten die Kisten nicht an Bord hieven, weil der Seegang zu stark war. Nu schaukelten sie tief unten und kiekten verzweifelt hoch, und wir schaukelten hoch oben und kiekten verzagt runter. Aba nischt zu machen. Gerade den Opitz kriegten wir an Bord, die Kisten mußten in den Hafen zurück. Am meisten hat ihnen Corinna

Genest nachjeheult. Die hatte nämlich ihre Privatgarderobe in ihnen mit drin und nu schon den vierten Tag denselben Fummel an.

Der nächste Hafen war St. Thomas auf den Virgin Islands. Hier empfing uns ein strahlender Vertreter der Reederei: ›Die Kisten sind da.‹ Wieso Kisten – wir sahen bloß eine – die mit den Kostümen. Die andre jab's nich mehr, nicht eine Latte war mehr von ihr übrig. Ihr Inhalt lag auf dem Kai verstreut. Gero Erhardt durfte sich seine Lampen einzeln zusammensammeln. – So, nu siehste mal, was sich det wirkliche Leben für dusslige Stories einfallen läßt, um uns die Dreharbeiten zu versüßen.«

In der ersten Nacht auf St. Thomas wurde ausgiebig an Land gefeiert. Ein Fotograf schob seine Frau listenreich aufs Schiff ab, um ohne sie in einer Disco zu rocken. Als er gegen drei Uhr früh die Bordbar betrat, fand er dort seine Gattin im Arm eines Kollegen. Das war ihre Rache fürs Abgeschobenwerden.

Die beiden verschwanden in ihrer Kabine

und sprachen sich gründlich aus. Davon wurden die umliegenden Schläfer wach. »Einer hat den andern verballert, aber wie! Gegen's Spind sind sie gedonnert – und ein Gebrüll dabei!«
Es muß sagenhaft gewesen sein. Alle, die das nächtliche Ehestück mitgehört hatten, erschienen am nächsten Morgen auffallend gutgelaunt beim Frühstück.
Nun wartete die Truppe voll Spannung auf den Auftritt der beiden Gladiatoren – aber nichts geschah. Nicht einer ließ sich sehen. Am nächsten Tag dieselbe Funkstille.
W. R. besorgt: »Sie leben doch noch?«
»Doch, ja. Man hört sie in ihrer Kabine rumoren, und auf dem Gang stehen ihre abgegessenen Tabletts.«
Der Fotograf und sein Weib litten total verbeult auf ihren Betten und ließen sich von Zeit zu Zeit frische, rohe Steaks servieren. Die pappten sie zwecks Linderung auf ihre verquollenen Boxeraugen. Sie hatten sich längst wieder versöhnt, fürchteten sich aber vor der schadenfrohen Neugier der Truppe. Vor ihrem Kabinenfenster überbot sich die Karibik in Smaragd- und Saphirtönen.

Am dritten Tag hielten sie es nicht mehr in der Kabine aus und wagten sich hochgeschlossen an Deck. Sie hatten Schlimmes erwartet, aber dieses ordinäre Gegröle beim Anblick ihrer veilchenfarbenen Gesichter übertraf ihre ärgsten Befürchtungen. Rademann kriegt heute noch feuchte Augen, wenn er sich daran erinnert.

St. Thomas auf den Jungfraueninseln hat einen zollfreien Hafen. Wo es etwas Preisgünstiges zu kaufen gibt, müssen Kunst und Historie so lange warten, bis die Jagd nach der billigen Gelegenheit befriedigt und somit der Touristenblick wieder frei geworden ist für Kulturelles.
Unsere Truppe tauchte in den Freihandel ein außer Wolfgang Rademann, der ebenso immun gegen Sonderangebote ist wie gegen Statussymbole. Für so was hat er überhaupt keinen Platz in seinem Kopf.
Auch Evelyn Hamann widerstand der Kaufgier. Zusammen mit Volkert Kraeft ließ sie sich für ausgemachte 25 Dollars über die Insel kurven. Bei der Rückkehr nach St. Thomas stieg Kraeft früher aus als sie. Plötzlich

verlangte der Taxifahrer 30 Dollars von seiner nun unbemannten Kundschaft. Evelyn weigerte sich. Fünfundzwanzig waren ausgemacht und keinen Dollar mehr!
Darauf gab der Fahrer Gas und raste mit ihr in die Slums von St. Thomas. An einer Kreuzung sprang die Hamann voll Panik aus dem Auto und flüchtete sich zwischen die Hütten. Dabei irrte sie dem Taxifahrer, der sie gesucht hatte, direkt vor den Kühler. Nun saß sie in der Falle. Bevor er tätlich werden konnte, warf sie ihm nicht 25 und nicht 30, sondern 50 Dollars hin. Da ließ er endlich von ihr ab und gab fluchend Gas.

Auch Jutta Speidel hatte ein Erlebnis, das in ihrer Erinnerung als Horrortrip haften bleiben wird.
Ich meine jetzt nicht den Affen, der sie gebissen hat, sondern den Badeausflug nach Georgetown auf Gran Cayman, einer kleinen Insel südwestlich von Cuba und 190 Meilen von Jamaica entfernt. Ein Steuerparadies mit langen Sandstränden und vielen Bankfilialen. Die Cayman Islands heißen übrigens nach den breitschnutigen

Kaiman-Krokodilen, aber leben tut die Bevölkerung hauptsächlich von Schildkröten, von ihrer totalen Ausschlachtung für den Export.

Einige Mitglieder der Truppe wollten ihren Deckliegestuhl zum Sonnen gegen heißen Sandstrand eintauschen und fuhren mit Taxis zum »Holiday Inn« hinaus. Unter ihnen Jutta Speidel. Während der Rest die Hotelbeach bevölkerte, legte sie sich abseits in eine Sandkuhle, um nahtlos zu bronzieren. Darüber schlief sie ein.

Als sie aufwachte, war der Strand leer. Sie wußte auch nicht, wie spät es war, weil sie ihre teure, in St. Thomas gekaufte Uhr aus Vorsicht nicht umgebunden hatte. Ein angstvoller Blick aufs Meer – und eine unbeschreibliche Erleichterung: die Vistafjord war noch da. Aber wie lange noch –?

Im Hotel erfuhr sie, daß die Truppe längst abgefahren war. Man hatte sie in ihrer Kuhle vergessen.

W. R.: »Na, nu war Polen offen. Sie rin in ein Taxi und ab zum Hafen. Wie se da ankam, war der letzte Tender der Vistafjord mit Landurlaubern längst an Bord. Weit draußen

sah sie das Schiff die Anker lichten – und sie stand da – keen Geld, keen Paß – im Bikini! Kannste dir vorstellen, was die jelitten hat? Mann–! In der kleenen Funkstation vom Hafen ham se versucht, zur Vistafjord hinüberzufunken: Hierisnocheene – hierisnocheene! Aber die hatte wohl schon ihre Wellenlänge wegjeschaltet – auf alle Fälle antwortete sie nich mehr. Wat nu? Um Himmels willen – wat nu?
Seit Tagen war die ›Odessa‹ – ein russisches Passagierschiff – neben uns hergefahren und ankerte auch in Gran Cayman. Eins ihrer Beiboote legte gerade ab, als die Speidel angerast kam und schrie: ›Mein Schiff! Mein Schiff!‹ (Anmerkung: Wer Jutta jemals in einem Erler-Film erlebt hat, weiß, was ihre Stimme hergibt, wenn in Panik.) Ihr Schrei beeindruckte auch den Steuermann des russischen Tenders, er kehrte noch mal um, nahm sie an Bord und fuhr statt zur Odessa der Vistafjord hinterher.
Zufällig sah ein Offizier durchs Fernglas den Tender mit den verzweifelt fuchtelnden Gestalten näherkommen. Er ließ die Maschinen stoppen und das Fallreep runter, und nu

krabbelte ›uns' Jutta‹ an der steilen Schiffswand hoch. Hinterher war sie tagelang fix und foxy. Nachts hat sie bloß noch Alpträume jehabt: Sie steht im Bikini ohne Piepen und Paß unter lauter Einjebornen und sieht ihr Schiff in der Ferne verdampfen. So verlassen wie in solchem Moment kommste dir nicht oft vor.«
Und damit die liebe Jutta diesen Alptraum auch frisch in Erinnerung behielt, durfte sie ihn laut Drehbuch noch einmal durchspielen. Das war aber erst in der Fortsetzung der »Traumschiff«-Serie.

W. R.: »Für die Speidel war dies sowieso keine lustje Seefahrt. Nach fünf Jahren Zusammenleben mit Herbert Herrmann war ihre Liebe in die Brüche gegangen. Die Speidel blieb für sich, und den Herrmann sah man mit Dietlinde Turban ums Deck rumjoggen, er is ja ungemein leistungssportlich. Dem sollte man immer nen Handstand in seine Rolle einbauen.«
Speidel und Herrmann hatten sich übrigens bei den Dreharbeiten zu meiner TV-Serie »Drei sind einer zuviel« kennen und lieben

gelernt und danach nicht mehr getrennt. Für ihre Rollen wurden sie als beliebteste deutsche Schauspieler ausgezeichnet.

Fritz Umgelter, der Regisseur des »Traumschiffs«, starb, noch ehe die Arbeiten am Schneidetisch beendet waren. Dieser hochgebildete, kultivierte, überaus sensible Zweizentnermann wußte wohl seit langem, daß er nicht mehr viel Zeit hatte. Er schuftete bis zuletzt ohne Rücksicht auf seinen desolaten gesundheitlichen Zustand.

# »Wir hatten ebend jute Sterne mit«

Sechzig Prozent Zuschauer! Das war die höchste Einschaltquote, die eine deutsche Unterhaltungssendung je erhalten hatte. Das ZDF beschloß, die »Traumschiff«-Serie fortzusetzen. Die Vorbereitungen dauerten zwei Jahre. Zuerst mußten die Drehbücher geschrieben werden. Dann setzten sich Wolfgang Rademann und der neue Regisseur Alfred Vohrer zusammen und pusselten je drei Geschichten für eine Sendung ineinander. Der Stab stellte über Wochen die Drehpläne zusammen.
Zwischendurch gingen sie auf Motivsuche. Mir als notgedrungenem Schreibtischhocker ohne ein Gramm Sitzfleisch erscheint dieser Abschnitt des gesamten Unternehmens als der beneidenswerteste.

Anfang Dezember 82 konnte mit den Außenaufnahmen in Kenia begonnen werden.

W. R.: »Nu war es endlich soweit und nu war Nebel über München, unserm Treffpunkt zum gemeinsamen Start nach Afrika. Die Zuträgermaschine aus Frankfurt mit unserm Produktionsleiter Schäfer is gar nich erst gestartet, die Hamburger Maschine landete in Stuttgart. Bloß die Berliner kamen pünktlich in München an. Die Piloten von der PAN AM sind ja noch aus'm Vietnamkrieg, die fliegen in jeder Suppe. Berliner und Münchner hatten wa also zusammen, fehlten bloß die Frankfurter und Hamburger und sämtliche Tickets, mit denen saß meine Sekretärin in Stuttgart fest, das heißt, sie saß bereits im Bus nach Frankfurt. Um zwei Uhr nachts kamen sie auf dem menschenleeren Flughafen an, Hotel gab's auch nich mehr. Für'n Anfang war det mal wieder ganz schön chaotisch.
Dazu kriegte Staatsschauspieler Werner Hinz 48 Stunden vorm Abflug nach Kenia eine Herzattacke und konnte nich mit.«
(Anmerkung: Wenn Rademann jemand verehrt wie den achtzigjährigen Werner Hinz, dann setzt er den Titel vor seinen Namen.)
»Nu treib ma kurz vorm Start 'n Ersatzschau-

spieler auf. Weißte, was det is? 'n Alptraum is det. In allerletzter Minute sprang Rudolf Schündler ein, früher ein bekannter Kabarettist und Regisseur. Nu isser alt und kann ooch nich mehr richtig kieken. Von ihm stammt der schicksalsschwere Satz: ›Das Schlimmste für einen Menschen ist, wenn er sich in seinem Spiegel nicht mehr sieht.‹ Das gesamte Mitleid unserer Truppe schwappte ihm entgegen. Der fast blinde alte Herr wurde geführt und umhegt – und ein Wunder, daß sie ihn nich auch noch jefüttert haben. Zum Dank für soviel Jüte kniff er unsere jungen Schauspielerinnen gerne dahin, wo se stramm sind, und fragte treuherzig: ›Gehören Sie auch zum Team?‹«

W. R.: »Und nu muß ich mal von meinen Leuten reden. Kameramann Gero Erhardt war ja schon beim ersten Mal dabei. Ein Spitzenmann und dufter Typ. Er is übrigens der Sohn vom unvergess'nen Heinz Erhardt. Als ich die 23 Mann für meinen Stab engagierte, wußte ich, daß es jute Leute sind. Aber daß sie ooch menschlich so prima und zuverlässig sein würden, war 'n Extrajeschenk für mich. Hinzu kam – was für ne harmonische Zusammenarbeit sehr wichtig ist–, es haute auch erotisch hin. Die Singles unter ihnen fanden sich bereits in den ersten drei Tagen und blieben bis zum Schluß zusammen. Somit war Ruhe im Karton.«

Zwischen Weihnachten und Neujahr ruhten die Dreharbeiten. Am 5. Januar startete die Truppe Rademann nach Puerto Rico zu ihrer bisher längsten Außenetappe: 46 Drehtage in einem Stück.

Rademann war diesmal sehr besorgt, ob das wohl gutgehen würde. Mit Schauspielern, ihrem Anhang, Stab, Fotografen und Presse waren sie insgesamt 104 Personen. Wenn von denen nur einer ausflippte–!

Er überlegte ernsthaft, ob er nicht einen Psychiater für die Dauer der Reise engagieren sollte.

»Stell dir vor, ich hätte das wirklich gemacht, denn hätte ich ja beinah wünschen müssen, daß einer verrückt spielt, damit der Psychiater nich rausjeschmiss'nes Geld gewesen wär. Es lief nämlich alles prima. Auf unseren ersten Außentouren hatten wir ständig Würmer drin, weißte ja. Diesmal nich einen.«

Das wiederum bereute ich, denn W. R.s Berichte von der Kenia- und der ersten Karibikreise fielen reichlich mager aus. Wenn rundum Harmonie herrscht und die Spannung einschläft, wird ein Reporter brotlos.
»Wir hatten ebend jute Sterne mit und dazu in Alfred Vohrer einen Regisseur, der diszipliniert und bis aufs I-Tüpfchen vorbereitet an die Arbeit jeht. Nischt andres als Arbeit im Koppe hat, solange er dreht. Wie 'n Asket hat der jelebt. Tatsache!«

Im Hafen von San Juan auf Puerto Rico wurde die Story »Der Hund« gedreht – basierend auf einer wahren Geschichte, die uns die Frau des Kapitäns Krüger erzählt hatte: Ein Schiffsbäcker schmuggelt im Vollrausch ein Hündchen an Bord – und wo nun hin damit!?
Beim Schreiben des Drehbuchs hatte mir einer von diesen räudigen, halb verhungerten, herrenlosen Hafenkötern vorgeschwebt, die unter Autos schlafen und sich von Abfall ernähren. Wer aber hat die Rolle schließlich gekriegt? Ein Chihuahua, die kleinste Luxustöle der Welt. Kleiner geht's

gar nicht. Tutty hieß das Exemplar. Aus Hannover. Tutty reiste in Begleitung eines Löwenbändigers namens Bodemann, der sie für ihre Rolle abrichten sollte.

W. R.: »Laut Drehbuch mußte Tutty dem Bordbäcker (Diether Krebs) von Kneipe zu Kneipe folgen. Damit das reibungslos ablief, wurde sie von Bodemann unter Kohldampf jesetzt. Hungriget Hündchen pariert bekanntlich freudiger als jefülltet. Leider klappte die Nummer überhaupt nich. Dompteur stand neben Kamera und wedelte beschwörend mit Wurscht. Tutty lag faul und fett in einer Ecke und scherte sich einen Teufel um ihren Auftritt. Was war passiert? Die Zimmermädchen im Hotel hatten das liebe kleine Hündchen mit Kalorien volljestoppt, weil Bodemann es darben ließ.

Von nun an hängte er ein Schild an seine und Tuttys Zimmertür: ›Please, do not disturb!‹«

Als das ZDF die Fortsetzung der Serie beschloß, stellte es eine Bedingung: Das Traumschiff muß diesmal ein deutscher Musikdampfer sein.

Die Wahl fiel auf die »MS Astor«, ein ganz

junges Schiff (Jahrgang 81) in weißem Kleid und roten Zahlen, mit bordeauxfarbenen Bordüren und einem Schornstein in Form eines zum Anbieten aufgerissenen Zigarettenpäckchens. Astor – im Rauch nikotinarm. Im Hafen von San Juan nahm sie die neue Schauspielertruppe und neue Passagiere für die Karibik-Amazonasfahrt an Bord. In allen Reiseprospekten hatte eingekastelt gestanden:

> Bitte beachten Sie:
> Auf dieser Kreuzfahrt finden Dreharbeiten für die Fernsehserie »Das Traumschiff« statt.

Das klang einerseits wie »Warnung vor dem Hunde«, verleitete andererseits TV-Fans dazu, ihr Gespartes abzuheben, um an dieser Kreuzfahrt teilnehmen zu können. Mit den Stars Stuhl an Stuhl, bei den Dreharbeiten dabeigewesen zu sein – darum beneideten einen die Freunde zu Hause. Das war mal was anderes. Da hörten sie einem noch gespannt zu, wenn man seine Reiseerlebnisse und Fotos auspackte.
Was die Dreharbeiten an Deck anbelangt – in

den ersten Tagen ist der Andrang der Neugierigen meistens groß. Dann werden es immer weniger, denn wenn die Einstellung mit der originellen Frage »Ist Ihnen auch so warm, gnädige Frau?« zum siebten Mal wiederholt wird, schwindet das Interesse der Zuschauer schnell.

Einer von den wenigen, die wußten, daß die Speidel ein Kind erwartete, hatten den Mund nicht halten können. Nun fragte »BILD« in dicken Lettern: Ist Jutta Speidel schwanger?
Deutsche Redaktionen, die ihre Fotografen auf der Astor wußten, versuchten den ganzen Tag über, diese zu erreichen, um zu erfahren, ob die Vermutung auf Wahrheit beruhte. Da das Schiff im Hafen lag, wurden weder Telexe noch Telefonate angenommen. Somit wußten die Fotografen nur, daß der Bordfunker ihretwegen ständig bombardiert wurde.
W. R.: »Und das machte die Brüder janz verrückt. Ich sagte zur Speidel: ›Du bist im vierten Monat, nu isset doch piepejal, ob die Meute dis heute erfährt oder später.‹ Und

dann hab ich – das war morgens um elfe – zu den Fotografen gesagt: ›Um zehn Uhr abends jibt's ne wichtige Mitteilung für euch.‹

Nu mußte die Brüder kennen. Die sind so ne Art Wanderzirkus mit viel Humor und viel Suff. Die fingen nun an, unternander um etliche Flaschen zu wetten, was dis denn Wichtiges sein könnte. War die Astor verkauft worden? Hatte das ZDF pleite gemacht? Hatten se nen Staatsmann umjelegt und wenn, welchen? Kamen se immer wieder zu mir und bohrten – wie Kinder, die wissen wollen, was se zu Weihnachten kriegen. Und ich: ›Es is was an Bord.‹ Und sie: ›Mann oder Frau oder sächlich?‹ – ›Frau‹, sage ich, und nu schlossen se neue Wetten unternander ab.

Um zehn Uhr abends haben wir denn endlich Juttas süßet Jeheimnis jelüftet. Danach war der Mist am Dampfen. Bis fünfe früh haben die Fotografen die Funkstation belagert und Telexe durchjegeben. Der Funker hatte so'n Aufstand noch nie erlebt. Und alles bloß, weil ein Mädchen 'n Kind kriegt.«

Aber es kommt ja immer darauf an, *wer* im

vierten Monat ist. Wenn Lieschen Müller von nebenan brütet, zerreißen sich die Nachbarn die Mäuler, weil Lieschen ledig ist. Wenn sich aber ein prominenter Star zu einem unehelichen Kind bekennt, dann ist das ein Zeichen von Emanzipation. Armes Lieschen, warum bist du nicht prominent–!
W. R.: »Wir schipperten also die Virgin Islands runter bis Südamerika. Es kam die Äquatortaufe, wo se einen mit Pampe einschmieren und wie'n Primeltopp begießen. Und dann legten wir zum ersten Mal in einem brasilianischen Hafen an: Belém an der Amazonasmündung.«
In Belém regnet es gern. Belém im Regen macht nicht den vertrauenswürdigsten Eindruck auf einen hochdeutschen Touristen. Farbige Kolonialbauten verfallen zwischen abblätternden Hochhäusern. »Und das Pflaster is ja unmööööchlich!« klagte eine Passagierin nach kurzem Landgang, »meine armen Föößl« Ja, das muß man wirklich sagen, Belém sollte sich schnellstens neu pflastern lassen, damit sich die Touristen nicht die Zehen stoßen.

Auf dem Markt wurde der reizenden alten Dame Else Quecke die Handtasche aufgeschnitten und das Portemonnaie gestohlen. Sigmar Solbach fiel bei der Amazonas-Rückreise auf eine Falschspielertruppe herein. Einerseits wurmte es ihn, daß er sich aufs Kreuz hatte legen lassen, andrerseits beruhigte ihn der Gedanke, daß von seinen Dollars eine Familie ein paar Tage leben konnte. Die Armut in Brasilien ist unvorstellbar.
In Belém mußte der ZDF-Redakteur Gerd Bauer zum Zahnarzt. Nun fremdelt unsereiner ja mit keinem Doktor so sehr wie mit einem Dentisten, den er nicht kennt. Und das in Belém –! Von einer TUI-Angestellten erhielt er eine Adresse und schritt mannhaft hin.
Noch nie hatte er so eine enge Praxis betreten. Der Arzt sprach ausschließlich portugiesisch und Bauer überhaupt nicht. Er fuhr sich demonstrativ mit dem Zeigefinger ins Gebiß: »Ga ogen – aua –!« Der Arzt begriff erfreut und fing am Nebenzahn an zu bohren.
Sie scheinen sich dennoch irgendwie geeinigt zu haben, denn Gerd Bauer kehrte mit

allen Zähnen und nachlassendem Schmerz an Bord zurück.

W. R.: »Wir fuhren den Amazonas rauf und kamen nach Almerin. Um die Zeit legte grade der Karneval los. Unsere Darsteller gingen in ne Kneipe, wo eine Sambakapelle wütete. Und da isses denn mit Elisabeth Wiedemann durchjegangen. Sambakoller. Na schön, früher war se mal Tänzerin. Um zwei Uhr früh wollten die andern aufs Schiff zurück und sagten: ›Elisabeth, hier kannst du nicht alleine bleiben, das ist viel zu gefährlich.‹ Also ging sie mit und sogar ins Bett, stand aber gleich wieder auf, getrieben von der Sorge, nich jenuch Samba abjekriegt zu haben.
Die Astor wurde nachts von einem einheimischen Polizisten bewacht. Den quatschte sie an. Ob er mit ihr Samba tanzen gehen würde. Er war nich abjeneigt, aber seine Frau müßte mit, sonst kriegte er Ärger. Also sind sie mit nem Taxi zu ihm nach Hause, haben die Gattin aus den Federn jeholt und bis morgens durchjemacht. Inzwischen war die Astor unbewacht.«

Die Wiedemann aber war selig. Auch Rademann war selig, weil es keine Komplikationen bei der Arbeit gab und keinen Ärger mit den regulären Passagieren, wenn sie wegen der Dreherei das Sonnendeck räumen mußten. Sie reagierten sehr verständnisvoll. Das ganze Team war zufrieden. Maria Sebaldt und Evelyn Hamann eröffneten eine herzliche Freundschaft. Brigitte Mira kam jeden Morgen zu Rademann und fragte: »Wolfgang,habe ich dir heute schon gesagt, wie glücklich ich bin?«

# Jeden Abend ist was los

Am 1. Februar brach die dritte Schauspielertruppe zu Außenaufnahmen nach Brasilien auf. Die Route versprach diesmal: Vom Amazonas zum Karneval in Rio.

Treffpunkt war wie immer Frankfurt. Nachfolgend ein Blick in die Reiseliste:

Aus München wurden Karl Walter Diess, Lambert Hamel, Brigitte Horney, Beatrice Richter, Maria Schell, Sigmar Solbach, Susanne Uhlen, Barbara Valentin und Elisabeth Volkmann eingeflogen. Aus Hamburg Gert Baltus, Benedict Freitag, Wolfgang Kieling, Anja Kruse, Gisela Peltzer und Claudia Rieschel. Aus Berlin Chariklia Baxevanos, Christian Wölffer und Natascha Schlegel; aus Frankfurt Jochen Schroeder; aus Köln Sabine Postel; aus Stuttgart Hans Helmut Dickow; aus Salzburg Barbara Rütting und Lutz Hochstraate; aus Wien Josef Meinrad und Klausjürgen Wussow; aus Paris Jocelyne Boisseau

und Pierre Brice; aus der Schweiz Karin Baal, Ivan Desny, Volker Eckstein, Walter Giller und Nadja Tiller. Aus Bochum Jürgen von Manger und Marie Luise Marjan.
Die Kreisstadt Starnberg wurde von mir auf dieser Reise vertreten. Ich fuhr mit, weil ich wenigstens eine Dreh-Tour nicht nur »second hand«, sondern original berichten wollte. Und dazu hatte ich mir die interessanteste ausgesucht.
Gleich beim Start in Frankfurt benahm sich unsere DC 10 wie eine überfressene Hummel, das heißt, sie kam nur sehr, sehr mühsam hoch. Auf keinen Fall hoch genug, nicht über die heftigen Sturmwolken hinweg, und somit turbulenzten wir darin herum. Der Pilot ließ uns wissen, das läge daran, daß die Maschine zu schwer sei. Eine ungemein beruhigende Mitteilung. Ivan Desny hatte sofort einen Vorschlag bei der Hand, wie man das ändern könnte: »Weiber und Kinder von Bord!«
Vor ihm hing Barbara Valentin in ihrem Sitz. Man hat den Eindruck, daß sie den Kampf gegen ihr Übergewicht aufgegeben hat. Es ist ihr wurscht.

Sie trank sich mit Bier die nötige Bettschwere an, kippte ihre Lehne rückwärts in Desnys gefülltes Tablett, rollte sich zusammen und verschlief den halben Atlantik. Beneidenswert!

Kaum hatten wir das winterliche Europa verlassen, schulterte ihre Busenfreundin (oder Busenfeindin, das wechselt öfters) Elisabeth Volkmann einen gewaltigen Umhängesack und trabte zielstrebig den Gang hinauf. Wo die wohl hin will?

Wahrscheinlich aussteigen, überlegte Solbach.

Nach zwanzig Minuten eine Durchsage: »Elisabeth Volkmann hat sich nun geschminkt.«

Applaus bei ihrer Rückkehr. In Anbetracht der heißen Zonen, denen wir uns näherten, hatte sie ihren grauen Herrenfilz gegen ein Blumenhütchen Modell Ascot vertauscht. Rothaarig und weißhäutig, verträgt sie überhaupt keine Sonne. Na, dann ist Brasilien doch goldrichtig für sie.

So ein Vierzehn-Stunden-Flug dauert schon arg lange.

Ab und zu schlendern Touristen, die für die Fahrt auf der Astor gebucht haben, durch die Gänge und gucken jedem ins Gesicht. Ob er prominent ist.
Ich glaube, sie kehren ziemlich enttäuscht auf ihre Sitze zurück. Ihre Lieblingsschauspielerin ist weder geschminkt noch war sie vorm Abflug beim Friseur. Und so gar nicht irgendwie schick angezogen, bloß bequem. Also wenn man nicht genau wüßte, daß das die Dings ist, würde man meinen, sie sieht ihr nur entfernt ähnlich.

Endlich verkündet der Pilot das Erscheinen der Inseln Domenica und Martinique vor uns.
»Wir sind drüben, wie schön. Hat er doch richtig rübergefunden«, freut sich Desny.
Zwischenlandung in Caracas. Eine Stunde Aufenthalt.
»Herrlich«, ruft Marie Luise Marjan beim Betreten der Wartehalle. »Endlich müssen wir nicht mehr sitzen und was trinken.« Setzt sich hin und bestellt was zu trinken.
Über dem Urwald, den wir überfliegen, wird es Nacht. Aus der schwarzen Nacht

hebt sich ein Lichterhaufen ab. Manaus am Rio Negro.
Neunzig Prozent Luftfeuchtigkeit und ein strahlender Rademann empfangen uns.
»Naaa? Da seid ihr ja. Alles jut jegangen? Alles okay? Das ja prima!« Es klingt, als ob wir gerade in Berlin-Tegel gelandet wären.
Busse karren uns zum Hafen.
»Schau mal«, sagt Beatrice Richter neben mir. »Oktoberfest.« Sie meint die illuminierte Astor.
Durch seine Lichterketten hat so ein Musikdampfer ja wirklich entfernte Ähnlichkeit mit einem bayrischen Bierzelt.
Für mich war es mehr als ein endliches Ankommen. Es war fröhliches Wiedersehen mit dem Schiff, das mir bereits im Mittelmeer bei der Motiv- und Stoffsuche vertraut geworden war.

Kaum an Bord, wurden wir auf einen Begrüßungscocktail gehievt.
Knackig braunes, fabelhaft erholtes, frisch geduschtes Fernsehteam hieß müde, plumpgefutterte, verschwitzte, ausgebeulte Bleichgesichter willkommen.

Für uns war bereits Mitternacht, für sie erst acht Uhr abends.
Küßchen Küßchen mit alten Bekannten, Smalltalk beim Cocktail.
Plötzlich wurde Rademann herausgerufen, gleich darauf auch Kapitän Krüger.
Es gab endlich einmal wieder eine große Aufregung.
Brigitte Horney und ihr Mann Dr. Swarzenski durften nicht an Bord, weil sie amerikanische Staatsbürger sind und als solche ein Einreisevisum für Brasilien brauchen. Das hatte keiner gewußt.
Der Einwanderungsbeamte schaltete auf stur, Kapitän Krüger versuchte zu vermitteln. Keine Chance. Frage an Rademann: »Was passiert, wenn Frau Horney nicht mitfahren kann?«
»Dann sind wir worein jekniffen. Sie hat ne größere Rolle, ich kann sie nicht mehr umbesetzen.«
Ein Segen, daß es nicht die Preußen waren, die Brasilien erobert haben. Darum heißt das hier auch nicht Beamtenbestechung. Die Horney und ihr Mann durften an Bord. Der nächste Zoll, den wir passieren würden, war

in Montevideo, und da waren wir bereits in Uruguay, das kein Visum verlangte.

Seit dem Herzog-Film »Fitzcarraldo« mit Kinski ist uns Kinogängern die Stadt Manaus ein Begriff. Vor allem ihr pompöses Opernhaus. Man stelle sich vor, im Jahre 1869 wurde mitten im Urwald ein Opernhaus errichtet und europäisch ausgestattet. Wir sitzen in seinem vergoldeten Zuschauerraum auf wackligen Stühlchen, spüren Spiralen durch verschlissenen Samt auf der Kehrseite und noch immer das protzige Fluidum der Jahrhundertwende, als Manaus dank seines Kautschukbooms eine der reichsten Städte der Erde war. Dann kam 1920 der Ersatzgummi und mit ihm die große Pleite. Aber inzwischen hat die Stadt wieder 400 000 Einwohner, und noch immer werden europäische Sänger eingeflogen, um im Teatro Amazonas ihre Arien abzuliefern.
Die Mannschaftsangehörigen, die nach einem Landausflug bekniffen vorm Bordhospital anstehen, haben sich ihren Kavaliersschnupfen allerdings nicht in der Oper geholt.

Kurzer Erdkundeunterricht: Die Eltern des Amazonas heißen Rio Negro und Rio Solimões. Da, wo die beiden sich paaren, fließt schwarzes Wasser mit lehmgelbem zusammen. Aus diesem kurzfristigen Gepansche entsteht der lehmgelbe Amazonas, der größte und wasserreichste Strom der Erde, 4300 Kilometer davon sind schiffbar. Auf unserer tagelangen Reise durch den tropischen Regenwald begegnen wir nicht einem größeren Schiff. Der Amazonas mit seinen 200 Zuflüssen und zahllosen Nebenarmen ist Käpt'n Krügers Domäne. Er ist hier früher mit kleineren Dampfern herumgeschippert. So ein Riese wie die Astor war hier noch nie. Ihr niedriger Tiefgang macht's möglich.

Da, wo es besonders schön ist, läßt er Anker werfen und schickt uns per Schlauch- und Rettungsboot auf schilfumwachsenen Flußadern ins Innere. Reiher hocken in abgestorbenem Geäst. Aasgeier kreisen gastfreundlich über uns. Von weitem sehen wir die riesigen Amazonaskühe im seichten Wasser stehen. Ein Hausboot – überladen mit jungen Indios – tuckert vor uns her zu

einem Dorf aus Palmhütten, wo seit Jahren keine Touristen durchgetrampelt sind, bloß Wahlredner: windzerfetzte Politikerporträts flattern an den Hüttenwänden.
In unserm Schlauchboot wird Karl Walter Diess von einer Dame gefragt: »Ach, bitte sagen Sie, warum ist dort oben ein Stück Urwald gerodet?«
Diess, ohne hinzugucken: »Da kommt das neue Hilton hin.«
»Ach, wirklich?« skepselt die Dame. Aber wenn ein Prominenter das sagt...

Kaum sind wir an Bord zurück, hebt das große Wehgeschrei an. Obgleich der Himmel über unserer Kahnpartie durch ein verschilftes Nebenärmchen des Amazonas verhangen war, hat uns die Sonne fürchterlich erwischt. Auf der Haut wüten Sonnenbrände. Sonnenallergien lassen Gesichter zuschwellen. Am schlimmsten geht es Karin Baal dran. Sie schaut aus wie aufgeblasen. »Wenn das bloß weg ist, bis ich drehen muß!« jammert sie.
Bordärzte und Maskenbildner haben rund um die Uhr zu tun. Es soll ja schließlich kein

Film über Traumbrathühner gemacht werden.

Wo der Rio Tabajos grün wie eine frischgemähte Wiese in den Amazonas fließt, befindet sich eine wunderschöne Bucht mit Sandstrand. Hier wird ein Barbecue mit Musik und weiteren Möglichkeiten, sich knusprig zu grillen, inszeniert. Es darf sogar gebadet werden, weil es an dieser Stelle garantiert keine Piranhas gibt. (Zur Erklärung: Ein Piranha ist etwa so groß wie eine Scholle und trägt eine frisch gedengelte Säge im Maul. Er tritt in Schwärmen auf und skelettiert einen Touristen in Minutenschnelle.)
Es heißt, die Piranhas greifen nur an, wenn man eine blutende Wunde hat. Auch die Krokodile seien friedlich, solange man sie nicht reizt. Aber wissen die Piranhas und Krokodile das auch?
Was nun die Gefährlichkeit der ungiftigen Schlange anbetrifft, die zusammengerollt in der Sonne schlief, als sie vom tapferen Sascha Hehn erschlagen und in Siegerpose vorgeführt wurde ...!? Auf alle Fälle hat er

den Teenagern an Bord damit wahnsinnig imponiert.
Den ganzen Tag über fegten Schlauchboote zwischen der Astor und dem Strand hin und her. Als die Musik ihre Instrumente einpackte und die Verbrennungen zwoten Grades aufs Schiff zurückkehrten, als die Sonne tiefer sank und das Ufer sich leerte, als man in der Stille den Urwald hörte – das Rufen, Piepsen, Zirpen und Schreien –, plätscherten wir in diesem zärtlich warmen Amazonaswasser herum und hatten Glücksgefühle. Der europäische Alltag war so weit und nichts war mehr wichtig außer unserem spürbaren Wohlbehagen, und so muß es wohl im Paradies gewesen sein, bevor der Ärger mit dem Apfel alles verdarb.
Wolfgang Kieling taufte die sanfte Bucht »die Lavendelbucht« – sein vierjähriger Enkel Florian tanzte im seichten Wasser um einen aufgepflanzten Stock herum und suchte nach einem Wort, um sein Glück auszudrükken. Es fiel ihm »Ach, Frühling . . . « ein.
Seine Mutter Susanne Uhlen machte mich auf Marie Luise Marjan aufmerksam, die unter geblümtem Strohhut, nur mit einem

Hemd bekleidet, im Amazonas saß und ihre Rubensformen streichelte: »Wie sie ihre Pfunde genießt!«
Dazu sang Marie Luise mit geschultem Sopran den Gefangenenchor aus »Nabucco«.
So äußerte jeder auf seine Art sein herzsprengendes paradiesisches Freiheitsgefühl. Selbst Rademann hielt es ohne Zeitschriften im Wasser aus. Und das will was heißen. »Da unten, noch'n Stücke weiter runter, haben sich vorhin zwee Krokodile aus'm Wasser jetraut. Solange hier Betrieb wie in Jesolo war, sind se ja auf Tauchstation jewesen«, erzählte er, als wir vorüberplätscherten.
Die Sonne sank hinter eine bizarre Regenwolke am Horizont. Unter einer Dattelpalme hockten lautlose Eingeborenenkinder und sahen zu, wie wir mit dem letzten Schlauchboot zur Astor hinüberrauschten.
Im Laufe der Tage und Ausflüge hatten wir so eine Art Heimatgefühl für das Schiff entwickelt, das da draußen auf uns wartete – wie eine Mutter am Rande des Spielplatzes. Sowie es dunkelte und das Land unheimlich wurde, kehrten wir in ihren Bauch zurück.

Zwar klatschte sie uns beim Einstieg ihre eisige Air-condition um die Ohren, aber sie gab auch Geborgenheit – sofern wir unsere Kabinen wiederfanden.
Die Astor hat zwei Niedergänge (wie Treppenhäuser auf einem Schiff heißen) auch in Aufwärtsrichtung.
Die ungeraden Kabinen befinden sich an Backbord, die geraden auf der Steuerbordseite. Durch den hinteren Niedergang kommt man zum Speisesaal, zu den Bars, zum Sonnendeck, über den vorderen zur Rezeption, zum Fitneßraum und zum Bingospielen.
Im Grunde genommen ist alles wahnsinnig logisch und unkompliziert für einen unkomplizierten, logischen Typ. Das sind Künstler meistens nicht. Als ich am ersten Tag auf der unermüdlichen Suche nach meiner Kabine zum sechsten Mal Lambert Hamel auf der unermüdlichen Suche nach seiner Kabine begegnete, haben wir sehr gelacht.

Und wieder ein Ausflug mit Schlauch- und Rettungsbooten in die endlosen, sanftgeschwungenen Nebenarme des Amazonas.

Wer von den Passagieren und Schauspielern Pech hat, tuckert vier Stunden ohne Pinkelpause in der feuchten Hitze in einem Kahn mit heißgelaufenem Motor auf halben Touren. Wer Glück hat, flitzt auf dem Rand eines Schlauchbootes, mit einem Indio als Steuermann, von einem exotischen Kulturfilm in den andern. Mit seiner Machete schlägt er die verwucherten Eingänge zu Nebenrinnsalen frei – zu Orchideen, riesigen, blauschillernden Schmetterlingen, taubengroßen, grasgrünen Amazonaspapageien und den in Kreuzworträtseln so beliebten stolzen Araras. Kreisende Aasgeier erwecken ungute Phantasien: Was passiert, wenn uns in dieser, von der grünen Hölle umkrallten Einsamkeit der Sprit ausgeht? Hier findet uns ohne Hubschrauber niemand – außer den Geiern.

An breiteren Flußarmen trifft man auf Familienbetriebe in Pfahlhütten, mit Einbaum am Steg, kläffenden Hunden, mageren Minischweinen und Hühnern. Bevor die Zivilisation hier vorbeigerudert ist, sollen diese sanften, freundlichen Menschen zufriedener gewesen sein. Jetzt tragen sie T-shirts und

darunter Fernweh. Wer bei ihnen anlegt, wird mit Kaffee und Palmenherzen bewirtet. Heide Keller verschenkt dabei Hemd, Rock und Mütze und kehrt in einer Mülltüte, die zum Einsammeln von Cocadosen mit im Boot war, an Bord zurück.
Einer von der Mannschaft hat einen Kaiman mitgebracht, ein possierliches Minikrokodil. Wer will, kann sich mit ihm fotografieren lassen. Noch heute früh spielte er im Amazonas und ahnte nichts Böses, jetzt drücken ihm beringte Finger vor geblümten Brüsten beinahe den Hals zu. Aus Angst stellt er sich scheintot.
Barbara Rütting will ihn freikaufen und wieder aussetzen.

Viele Schauspieler haben ihre bessere Hälfte mit auf die Reise genommen, oder ihre Kinder. Maria Schell wird von ihrer Tochter Marie-Theres begleitet, die in Paris auf die Schauspielschule geht, Susanne Uhlen hat ihren Flo dabei. Die Tochter von Heinz Weiss, der den Traumschiffkapitän spielt, feiert an Bord ihren 18. Geburtstag. Unbeeindruckt vom Kikeriki unserer Stenze skizziert sie alles und jeden, der in ihr Blickfeld gerät. Ein hochbegabtes Mädchen.

Wer keinen Partner an Bord hat, hat meistens hohe Telefonrechnungen, wie Susanne Uhlen zum Beispiel, die sich nach ihrem neuen Dauerfreund Herbert Herrmann sehnt. Denn diese Reise ist eigentlich zu schade, um sie allein zu erleben. Und heißer Vollmondschein ganz solo –? Was für vergeudete, unwiederbringliche Nächte!

Schon viele Wochen von ihrem Zuhause entfernt, freundet sich Heide Keller mit dem Fotografen Gerd Ludwig an. Der hat was zum Sagen, wie es in Bayern heißt. Abends hocken die beiden an Deck und reden und reden. Der Mond nimmt ab, nur nicht ihr Gesprächsstoff ...

Maria Schells Tochter hat sich Sascha Hehn ausgesucht. Kichernd planschte sie mit ihm im Pool. So jung und happy, auf einem Luxusliner im Amazonas, während es zu Hause 17 Grad unter Null hat! Wenn das kein Traumschiffthema ist.

Jeden Abend ist »was los« an Bord. Zum Beispiel das Käpt'ns-Dinner. Dafür müssen wir

uns alle fein anziehen, die Herren im Smoking, die Damen entsprechend, und an Kapitän Krüger vorbeidefilieren. Mit Handschlag. Dieser historische Moment wird fotografiert, in Schaukästen ausgestellt und ist für acht Mark pro Bild käuflich zu erwerben.
Am nächsten Abend der Cocktail, bei dem den Passagieren in der Main Lounge die Schauspieler und der Fernsehstab vorgestellt werden. Jeder wird namentlich aufgerufen, tritt vor, macht seinen Diener und nimmt dafür Klatschen in Empfang, mal stärker, mal höflicher. Einzig Sascha Hehn hatte sich auf der ersten Reiseetappe vor diesem Empfang gedrückt. Er fand den Zirkus unter seiner Würde. Diesmal hat ihn Rademann zur Teilnahme verdonnert, und da steht er nun zwischen Kleindarstellern wie Maria Schell und Josef Meinrad und kann einem richtig leid tun.

Es folgt die spannendste Attraktion dieser Amazonasreise – die Fahrt durch die Breveskanäle. Das ist schon ein bißchen irre: Man hängt im Bordstuhl, trinkt seine deutsche Weißweinschorle, eisgekühlt, und sieht den

Urwald spucknah an sich vorüberziehen. Ab und zu eine Ansiedlung – bei sieben Hütten auf einen Schlag kann man schon von einer amazonischen Kreisstadt reden. Indios pätscheln in ihren schmalen Booten auf die Astor zu, hohe, tierische Lockrufe ausstoßend, mit denen sie auf sich aufmerksam machen.
Aus allen Schiffsöffnungen fliegen Zigarettenpäckchen, Semmeln, in Plastik verpackte, schwimmfähige Pakete. Kurze Diskussion an Bord: Wie kommen wir satten Europäer eigentlich dazu, Almosen von einem Luxusliner auf Eingeborene zu schmeißen!? Aber wenn wir es nicht tun, sind sie enttäuscht. Es kommt ja nicht oft ein Passagierschiff durch, und außerdem haben sie nicht unser Problem: Einerseits Luxus in vollen Zügen, andererseits soziale Skrupel. Da, wo die Kanäle am schmalsten sind, hätte es bei der Herfahrt beinahe ein Unglück gegeben.
Kameramann Gero Erhardt und alle Paparazzi, sprich Pressefotografen, umkurvten in einem Schlauchboot das Schiff. Knipsten und knipsten, und darüber soff ihr Motor ab. Und zwar in dem Augenblick, als der Bug der Astor genau auf sie zuhielt.

Die Fotografen paddelten in ihrer Panik gegeneinander an, kamen nicht vom Fleck, dafür die Astor immer näher.
Rademann: »Ich stand zufällig auf der Brücke, als es passierte, und sah ihr verzweifeltes Bemühen, aus der Abschußlinie rauszukommen. An Bord wurde Alarm gegeben. Aber krieg mal so'n Riesenkahn so schnell zum Stehen! In letzter Minute gelang Krüger ein Ausweichmanöver, ohne die Astor auf Grund zu setzen. Dies hätte ja dann bedeutet, daß sie das erste Hotelschiff im Amazonas jeworden wär.«
Als Gero Erhardt die Astor vom Hubschrauber aus filmte, flog auch Kapitän Krüger mit. Zum ersten Mal sah er sein geliebtes Schiff von oben. Seine stramme Schöne so ganz allein auf dem gelben Strom, der sich wie eine Schlange durch die endlose, undurchdringliche grüne Hölle schlängelt.
Laut Rademann hatte er feuchte Augen vor Rührung.

Nun schiffen wir im offenen Meer an Brasiliens Küste entlang nach Fortaleza.
Landausflug mit Jürgen von Manger, der so

gerne singt. Wann immer eine Opernarie um die Ecke biegt, folgt ihr mit Sicherheit der Manger auf dem Fuße.
Im Hafen von Fortaleza geht er vor mir die steile Gangway hinunter und räsoniert à la Tegtmeyer: »Vorsicht! Man kann den Eingeborenen doch nicht das Schauspiel bieten, daß man am Stolpern is – als Deutscher –!!«
Fortaleza ist mit einer Million Einwohnern eine der bedeutendsten Hafen- und Industriestädte Nordostbrasiliens. Von hier wird die Cashew-Nuß in die ganze Welt exportiert.
Im Reiseführer steht, daß Fortaleza über herrliche Palmenstrände verfügt. Von dem Aussichtspunkt, zu dem man uns zwecks Fototermin befördert, sieht man diese leider nicht. Es wird dennoch eine positive Äußerung von uns erwartet. Manger, versonnen über den kahlen Hügel blickend, auf dem kein Baum wächst, bloß Cocadosen – und am Horizont ein Wald von Beton: »Tjaa – wenn man das hier verkaufen sollte, müßte man woll sagen: Mit blauem Himmel sieht das natürlich noch viel schöner aus.«
Der Himmel ist trüb, die Hitze unbeschreib-

lich, es ist so heiß, daß es auf der Fahrt nicht mal durch die offenen Wagenfenster zieht. Aber die Luftfeuchtigkeit macht einen schönen Teint.
Tegtmeyer beim Fototermin, eine Klöppeldecke befühlend, was ungemein natürlich wirkt. Er wird dabei von Bettlern umringt und rät uns: »Wer Almosen gibt, sollte nicht versäumen, auf sich zu zeigen und ›Aleman‹ zu sagen, damit die Eingeborenen auch wissen, daß das Gute von uns Deutschen kommt.«
In Fortaleza sehen wir zum ersten Mal ein Denkmal, das der städtischen Abwässerungsanlage gewidmet ist und aus einem Winkelrohr auf einem Betonklotz besteht. Ja, in Fortaleza ...

Es gibt kaum ein Mädchen, das so viel aus ihrem Typ herauszuholen versteht wie Beatrice Richter. Einmal schaut sie aus wie Sterntaler, einmal wie ein Clown. Oder wie frisch aus dem Mädchenpensionat. Mit Pfefferminzgeschmack. Sie kann natürlich auch auf irre sexy, bloß da kommt ihr leicht ihr Naturell in die Quere – die Ulknudel.

Übrigens hat sie das Oben-ohne-Verbot an Bord lässig mißachtet, und weil kein Einspruch kam, fallen nun die Hüllen reihenweise.
Manche wären besser nicht gefallen.
Beatrice knickt ständig Herzen an Bord. Wir wissen das, denn wir sitzen mit ihr an einem Tisch. Wir, das sind Heide Keller, Wolfgang Kieling, der Pressechef der TUI, Bill Pölzelmeyer, seine elegante Frau Laila und ich.
Während Beatrice ihre Magenpülverchen in einem Glas verrührt, erzählt sie von ihrem neuesten Knickherz. Diesmal gehört es einem ungarischen Geiger, der zu gern auf ihr fideln möchte. Sie hat ihm gleich gesagt, daß daraus nichts wird, aber das glaubt er nicht. Er ist beharrlich. »Du wirst mir lieben, Beatrice«, hat er prophezeit. Er hat ihr auch einen Armreif geschenkt. Was soll sie jetzt mit dem Reif machen? Zurückgeben natürlich, sagen wir.
Beim nächsten Dinner trägt sie ihn noch immer. Warum? »Wenn du mir Präsent wiedergeben, ich werden springen mit teedlich beleidigte Ähre«, hat er gedroht. Der springt nicht, versichern wir ihr. So blöd ist keiner,

daß er aus verschmähter Männlichkeit kurz vor der Traumstadt Rio die Haie besucht. Wir haben recht behalten.

Aber vor Rio legen wir in Salvador da Bahia an. Das war früher Brasiliens Hauptstadt mit dem größten Markt für afrikanische Sklaven. Noch heute ist ihre Bevölkerung die dunkelhäutigste des ganzen Landes.
Wolfgang Kieling hat schon überall auf der Welt gedreht. Beim Namen Salvador da Bahia verklärt sich sein Blick. Salvador hat wunderschöne Kirchen und Straßenzüge aus der Kolonialzeit: Historie vergammelt in pastellfarbener Pracht hügelauf und -ab, und von überall schaut man aufs Meer. Und diese traumschönen Mulattinnen –! Hier juckt es selbst den, dessen malerischer Schöpfungsdrang bisher nicht über Strichmännchenerzeugung hinausgekommen ist, zu den Farbtöpfen zu greifen.
Es ist Freitag, der 11. Februar, früher Nachmittag. Die Geschäfte haben schon geschlossen. Wir schlendern an farbig gekacheltem Barock entlang. Aus jedem Fenster dröhnen aufpeitschende Sambarhythmen. Der »Car-

naval« tritt in sein Endstadium, geht auf die Straße. Eine seltsame, erregende Stimmung, wie in Pamplona, bevor die Stiere losgelassen werden. Flöten, Trommeln und Tamburins, hohe, kreischende Stimmen – erste Masken tauchen auf – ein Neger mit bleischwerer Krinoline aus Cocadosen – Charlie Chaplin watschelt vorbei – der Tod persönlich – und dann ein silbergespritzter Buddha mit Wackelkopf und rosa Wackelzunge, wie lange will er das durchhalten? Immer mehr junge Leute in Hot Pants, T-shirts und Turnschuhen tänzeln aus Seitengassen unter die farbigen Transparente, die über die Hauptstraßen gespannt sind. Ein buntbemalter Straßenkreuzer fährt Schritt durch sich rasch verdichtendes Gewühl. Sein Fahrer sieht nichts außer den Popos und Waden der auf dem Kühler Tanzenden. Hinter ihm drängen sich etwa zwanzig Typen auf den Sitzen und dem Heck. Es ist schon hart, was so ein Carnavals-Cabrio durchstehen muß. Bei uns, wo jeder sein Auto hegt und besser behandelt als manchen Verwandten, wäre das undenkbar. Aber wer denkt hier schon über

den Carnaval hinaus. Viele Leute haben das bißchen, was sie besitzen, ins Pfandhaus getragen, um in den tollen Tagen liquide zu sein. Die meisten haben nichts zum Versetzen.
Eine Gruppe von Sambatänzern schiebt sich, durch ein Seil von der übrigen Straße isoliert, an uns vorbei. Wir mit unseren Kameras werden immer enger in kakaobraune, schweißdünstende Körper eingeschlossen. Sie bewegen sich mit kleinen, lässigen Schritten, aus der Hüfte geschüttelt – mit Gummiknien – es ist ansteckend wie eine Seuche – ist ein Rausch – kommt aus dem Bauch – macht unheimlich fröhlich und sorglos – Samba ist die Droge der Ärmsten.
Rademann hinter mir: »Sag ma, so hab ick dich noch nie loofen sehn. Is wat?«
»Ich laufe nicht, ich tanze Samba.«
»Woher kannste'n dis?«
»Schon lange her. Da hab ich Brasilianern Englischunterricht gegeben. Ob sie bei mir englisch gelernt haben, weiß ich nicht, aber ich hab von ihnen Samba gelernt. Ich wollte sogar mal hierher auswandern.«

»Achnee. Wegen nem Kerl, wa?«
»Wegen Brasilien.«
»Ehrlich?«
»Der Brasilianer, den ich geliebt habe, lebte damals in New York.«
»Also doch wegen nem Kerl.«
»Er konnte übrigens nicht Samba tanzen. Das war ein Intellektueller.«
»Na, Mahlzeit«, sagte Wolfgang und meint zwei junge Schwarze, die verletzt mit ihren Instrumenten auf dem Pflaster liegen. Wahrscheinlich sind sie aus einem Fenster gefallen. Es hängen ja Menschentrauben aus jedem einzelnen über die bröckelnden Hausfassaden.
Eine Blinde führt ihren blinden Sohn durch das Gedränge. Bettelnd ausgestreckte Hände. Einer von unseren Paparazzi greift in seine Hosentasche und zieht ein Bündel Scheine hervor. Es ist alles, was er bei sich hat. Viel Geld. Die Alte steckt es danklos ein und stolpert mit ihrem Jungen weiter. Ich muß an die Blinden denken, die Goya gemalt hat.
Zwei Schwarze halten Bill Pölzelmeyer ein Mikrophon vor den Mund. Er gibt ihnen ein

Interview auf englisch, auch dann noch, als er feststellt, daß es sich um eine Attrappe handelt, deren Strippe in einem Pappkarton endet. Mitspielen ist hier alles.
Heide Keller soll für die Fotografen auf dem viereckigen Kühler eines uralten Lasters tanzen. Auf seinem Dach – nach allen Seiten mit Tütenlautsprechern dekoriert – hockt eine graugekräuselte, zerknitterte, uralte Negerband. Aber wie die spielt –!
Heide kauft Freundschaftsbänder bei einem fliegenden Händler und bindet sie jedem von uns um die Stirn, möchte ganz Salvador umarmen ... Wir schieben uns aus der brodelnden, dampfenden Masse und trödeln zum Hafen hinunter. Die kreischenden Stimmen werden leiser, die Melodien hören auf – was übrig bleibt, sind Buschtrommeln... Händler haben winzige Meerkatzenbabys auf ihren Schultern, die sich verängstigt in ihr Hemd krallen. Für jeden vorbeikommenden Touristen reißen sie sie herunter und strecken sie ihm hin: »Take – is nice – não caro – not expensive –«
Nur der Gedanke an Karl und Marie, meine großen Hunde, und meinen Graupapagei

Stresemann halten mich im letzten Moment davor zurück, ein Äffchen aus Mitleid zu erwerben. Nein, nicht auch noch einen Affen, wir haben eh schon genug Zirkus zu Hause.
Diejenigen Passagiere, die einen mit an Bord bringen, brauchen sich im übrigen keine Gedanken zu machen, was sie daheim mit ihm anfangen sollen. Er überlebt die Aircondition in den Kabinen nur um einen Tag.

Das Schiff gleitet aus dem Hafen mit seinem malerisch vorgebauten Fort in die kurze Dämmerung zwischen Sonnenuntergang und Nacht. Wir fahren an Salvadors bewohnten Hügeln entlang – an beleuchteten Kirchen und Hochhäusern, transparent durch Hunderte von erleuchteten Fenstern. Lichterketten zeichnen die Straßen ein, treffen auf einem besonders hellen Punkt zusammen – einem Platz, auf dem der Carnaval brodelt, ein dampfender Kessel in dieser heißen Nacht.
Neben mir auf dem Brückendeck unterhalten sich zwei Damen über ihre fabelhaft günstigen Einkäufe in Hongkong letztes Jahr. In

Salvador da Bahia waren sie nicht. Waren ja alle Geschäfte schon geschlossen. Sind sie erst gar nicht von Bord gegangen.
Und dann hängt sich Benedict Freitag über die Reeling. Der lange, eckige Schlaks ist der Sohn der großen Maria Becker und des Schauspielers Robert Freitag. Benedict ist um die Dreißig und hat schon sechs Kinder, zwei davon angeheiratet.
Bahia gleitet zurück, wir steamern ins offene Meer. Es ist nun Nacht und kühler. Benedict zeigt auf den Orion am glitzernden Sternenhimmel. Einer seiner Söhne heißt Orion. (Ob der Junge mit dem Namen wohl Ärger in der Schule hat –?)
Adios Salvador da Bahia – ein kleines Stück von mir bleibt zurück. Ein Stück Sehnsucht, ein Stück Wunsch, wiederzukommen.
Von einem Steward der Astor bleibt sogar sehr viel mehr in Salvador, als er freiwillig dalassen wollte. Er ist mit vorgehaltener Pistole total ausgeplündert worden. Es war ein Gnadenakt, daß sie ihm wenigstens die Hose gelassen haben.

# Alles wegen Carnaval

Zwei Tage auf See.
Auf dem Sonnendeck wird eine Szene mit Nadja Tiller und Anja Kruse, ihrer Filmtochter, gedreht. Nadja läuft meistens ungeschminkt und cremeglänzend herum. Um so überwältigender ist die Wirkung, wenn sie aus der Maske kommt. Dann machen alle »ah!« wie beim Feuerwerk. Denn plötzlich schaut sie aus wie ein Star aus der guten, alten Kinozeit. Einfach glamorous.
An ihrer Seite verbreitet Walter Giller knittrigen Charme. Übrigens haben die beiden an Bord ihren 27. Hochzeitstag gefeiert.
Bald so lange ist es her, daß Walter und ich mit einer kleinen Gruppe junger Filmleute vom Papst empfangen wurden. Wir kauften uns damals seriöse Kleider und fuhren – anzusehen wie eine feine Trauergemeinde – nach Castelgandolfo, seinem Sommersitz. Statt der vorgesehenen Einzelaudienz wur-

den wir in einen Saal gestopft, der schon voll von Pilgern war. Von Pius XII. sahen wir gerade das Käppchen. Dann waren wir gnädig entlassen.
Aber in allen deutschen Zeitungen wurde über unsere Einzelaudienz beim Papst berichtet. Eine schilderte sogar die wahre Weltoffenheit des Heiligen Vaters, der junge deutsche Künstler um sich haben und von ihnen erfahren wollte, wie sie lebten und arbeiteten. Wir haben damals keinem widersprochen. Aber noch heute kommt uns das Grinsen an, wenn wir daran zurückdenken.

So ein Faulenzertag auf See hat seine Reize. Alle, die bereits abgedreht sind, hängen nun hemmungslos in der Sonne herum. Josef Meinrad und sein Frau Germaine liegen wie immer abseits – sehr hell, sehr leise, sehr liebenswürdig alle beide. Ich muß an den Ausspruch seiner Kollegin Adrienne Gessner denken: »Seit der Pepi den Rolls Royce fährt, ist er noch bescheidener.«
Die meisten Paare in unserer Truppe genießen so zurückgezogen und still diese Reise, daß es nichts Nennenswertes über sie zu

berichten gibt. Die Jugend amüsiert sich auf dem Sonnendeck. Pierre Brice, der pensionierte Winnetou, sitzt meistens mit den anderen Franzosen zusammen.
Auch Maria Schell ist heute an Deck. Manchmal entsteht der Eindruck, sie wohnt tagsüber in der Sauna. (Überhaupt ein sehr beliebter Ort bei der Truppe).
Das metallische Lachen des Karl Walter Diess versetzt mich – bei zugeklapptem Auge – im Nu ins Parkett eines Staatstheaters.

Links neben mir arbeitet ein Passagier die letzten Nummern des Fachblattes »Die Pirsch« auf. Und an meiner rechten Seite bewegen zwei Darstellerinnen ihr Lieblingsthema: mit wem denn nun der Wolfgang Rademann –?
»Na, mit der Dings – schon lange. Wußtest du das nicht?«
»Nö, woher denn? Man sieht sie ja nie zusammen.«
»Es wird jedenfalls erzählt.«
»Und was ist mit der Dingsda? Die rennt ihm doch wie ein Hündchen nach.«

»Ach, da ist üüberhaupt nichts. Die ist doch gar nicht sein Typ.«
W. R.s Liebesleben beschäftigt einige Damen der Truppe weit mehr als ihn selber, habe ich den Eindruck.
Ein stattlich Weib rauscht hochmütig an unseren eingeölten Zehen vorbei. Nanü, seit wann steigt die Reedersgattin in die Niederungen zahlender Passagiere und Komödianten herab?
Es erscheint Rademann auf seiner täglichen Chefarztvisite. Schaut in jeden Liegestuhl, um zu ergründen, ob sein Inhalt zur Truppe gehört. Wenn ja, hockt er sich zwei Minuten daneben und hält ein Schwätzchen.
»Hast du was Neues für mich, Wolfgang?« frage ich, auf meinen Notizblock zeigend.
»Ja. Paß auf –« Er erzählt mir den neuesten Klatsch und lacht sich schief dabei. »Aber dis kannste nich schreiben.«
»Nee«, sage ich, »das kann ich leider nicht schreiben.«
Flo Steinberger, Uhlen-Sohn, trabt die Decks ab auf der Suche nach einem Bekannten, mit dem er bekannt genug ist, um ihn finanziell anzuhauen. Ich habe die Ehre. Flo

braucht dringend eine Mark für die Spielautomaten.
Susanne sieht aus wie seine große Schwester, die Mutter spielt. Manchmal hätte sie gern fünf Minuten Ruhe vor seiner Intensität. Aber er läßt sie nicht, es sei denn, jemand richtet eine Kamera auf ihn. Dann türmt er, wüste Beschimpfungen ausstoßend. Abends muß sie mit ihm zur gleichen Zeit ins Bett. Vorher darf sie ihn zur Show in die Main Lounge begleiten.
Der bekannte Zauberer Marvelli tritt auf. Braucht für eine Nummer einen Assistenten aus dem Publikum. Andere Knaben in seinem Alter würden sich schüchtern. Flo dagegen springt wie elektrisiert auf, ist schon vorne, ehe ein Erwachsener sich melden kann. Weil er so klein ist, muß er auf einen Stuhl steigen und steht plötzlich strahlend da. Spielt den Zauberer zu seinem Assistenten herunter. Kein Wunder, mütterlicherseits ist Flo ein reinrassiger Komödiant. Es ist einfach in ihm drin. Sobald er eine Bühne betritt, knipst sich sein ererbtes Talent von selber an.

Schon beim Frühstück ist mir Brigitte Horneys veränderter Gang aufgefallen. Sie zieht das Bein etwas nach bei leicht angehobener Schulter. Kein Wunder, wenn sie die halbe Nacht auf Deck vertanzt. Jetzt murkst natürlich ihre Bandscheibe.
Gar nichts murkst. Die Horney trabt sich bewußt in die alte, zähe, körperlich verbrauchte Nonne ein, die sie in einer »Traumschiff«-Folge darzustellen hat. Sie schlüpft so total in die weiße Ordenstracht, daß keiner, der ihr begegnet, auf die Idee käme, es handle sich um eine Maske. Selbst ihr Tischsteward glaubt, sich verhört zu haben, als die ehrwürdige Mutter an ihm vorübereilt und fragt, ob er ihren Mann nicht gesehen hat.
Beim Faschingsfest an Bord haben die meisten ihrer Kollegen auf eine Pappnase verzichtet mit der plausiblen Begründung, sie müßten sich das ganze Jahr über verkleiden. Nicht so Biggy. Sie muß Stunden damit verbracht haben, sich und ihren Mann bis zur Unkenntlichkeit anzustreichen und als Medizinmänner frisch aus dem Busch zu kostümieren. Weniger für die andern – vor allem zum eigenen Spaß.

Ihre rauchige, spröde, ein wenig atemlose Stimme ist noch immer die der jungen Horney, die wir als Kinder zu imitieren versuchten, nur klingt sie heute weniger gefühlvoll, eher aufmüpfig.
Von ihren Vorfahren erzählt sie gern, was Wunder bei den Vorfahren. Hoffentlich kriege ich sie noch zusammen, also: Der eine Großvater hat den Bremer Hafen gebaut, und der andere – Danielsen mit Namen – steht mit Zylinderhut im norwegischen Bergen vor der Kathedrale. Weshalb man ihn in Bronze gegossen und auf einen Sockel gestemmt hat, ist mir leider entfallen. Ihre Mutter, Dr. Karen Horney, war eine der Begründerinnen des amerikanischen Instituts für Psychoanalyse und in den Staaten nicht weniger berühmt als Sigmund Freud. Wo andere Sterbliche höchstens einen Kassenrendanten oder Stabstrompeter auf der Ahnentafel vorzuweisen haben, drängeln sich bei ihr die Koryphäen. Und sie selbst war eine der bekanntesten und beliebtesten deutschen Filmschauspielerinnen. Nun ist sie den Jahren nach eine alte Frau. Aber ihre spröde Mädchenhaftigkeit hat sie sich bewahrt.

Gegen fünf Uhr leeren sich die Deckstühle schlagartig. Dann ist Bingotime. Den meisten von unserer Truppe juckt es in den Fingern. Aber ich geh nicht mehr mit. Ich verlier Haus und Hof dabei im Gegensatz zu Gisela Peltzer. Sie hat zweimal hintereinander Bingo gewonnen. Mindestens siebenhundert Mark. Wenn sie so weitermacht, darf sie nicht mehr mitspielen.

Und nun Rio. Zum ersten Mal für die meisten von uns Rio de Janeiro. Der Christus auf dem Corcovado schwebt über einer Wolke. Die MS Astor hält geraden Kurs auf den Strand von Copacabana. Dieses freche Manöver hat Käpt'n Krüger schon einmal in alle Gazetten gebracht – mit und ohne Bild. Es hieß damals, die Leute wären schreiend geflüchtet. So ein Schmarrn. Das Schiff kann bloß so nah ans Ufer, bis sein Echolot stop sagt (hat man mir jedenfalls erzählt). Das ist zwar näher als bei anderen Ozeanschiffen gleicher Größe, aber so nah, daß sein Bug den Strand zersägt, nun wieder auch nicht. Und die Cariocas waren begeistert von dem Manöver. Wenn wir in den nächsten drei

Tagen erzählen, daß wir von der Astor kommen, begegnen wir anerkennendem Lächeln.
Bald nach unserer Ankunft im malerischen Hafen werden wir mit Bussen zum Drehort gebracht, in diesem Fall zu den Tribünen, zwischen denen sich der bombastische Karnevalszug hindurchwälzen wird. Man warnt uns dringend vor der massiven Kriminalität in Rios Straßen, vor allem beim Carnaval. »Bloß keinen Schmuck mitnehmen, keine Ohrstecher und Armbanduhren, die reißen alles ab.«
Unser Bus fährt durch die Avenidas, in denen die Festwagen auf ihren großen Auftritt warten. Cariocas in kostbaren weißen Kostümen sammeln sich um sie.
Hinter mir höre ich Pölzelmeyers vorwurfsvolle Stimme: »Wieso haben die noch ihre Uhren um und wir nicht?«
Anscheinend gibt es hier ein internes Abkommen: Solange genügend Touristen präsent sind, schonen die Taschendiebe ihre Landsleute.
Ankunft bei den Tribünen. Noch sind sie kaum besetzt, es ist ja erst früher Nachmit-

tag, der große Rummel geht erst bei Einbruch der Nacht los. Ich gucke dem steilen Gestänge unter den Rock und stelle mir vor, wie das ist, wenn Hunderte im Sambarhythmus darauf herumtrampeln. Es ist ja auch schon mal eine zusammengebrochen.
Wenigstens hat man jetzt auf halber Höhe Klos eingebaut. Das freut vor allem Rademann, der schon einmal hier war, als es noch keine gab. Das ist aber auch die einzige freudige Überraschung, die uns erwartet. Man hat uns nämlich die Drehgenehmigung entzogen.
Das gibt's doch nicht. Wir haben es schriftlich – mit Brief und Stempel – hier, bitteschön, wenn Sie mal lesen möchten!? Interessiert die Aufsichtsbeamten überhaupt nicht. Gucken nicht mal hin. Vor drei Tagen ist der zuständige Direktor abgelöst worden, und der neue hat als erstes alle Genehmigungen seines Vorgängers aufgehoben.
Was nun? Wer hier auf sein Recht pocht, ist angeschmiert. Wer sich einschüchtern läßt, ebenso.
Damit wenigstens das Drehteam auf die Tribünen kann, geben wir ihm unsere Presse-

karten. Wir übrigen werden schon auf irgendeinen faulen Trick durch die Absperrung kommen. Not macht erfinderisch.
Aber ich habe plötzlich keine Lust mehr, auf das Spektakel bis zum Abend zu warten.
Mainz bleibt Mainz. Rio bleibt Rio. Und ein Karnevalsmuffel bleibt ein Karnevalsmuffel. Dazu gehöre ich, wenn der Spaß zur bombastischen, kommerziellen Show ausartet.
»In Salvador da Bahia war das was anderes. Da –«
»Jaja, da kam's aus'm Bauch«, unterbricht mich Rademann. »Haste schon erzählt.«
Er hat bedeutend mehr Sinn für die große Show als ich.

Rio. Hierher wollte ich einmal auswandern. Nun bin ich endlich da und habe Herzklopfen. Ob mein großer Freund wohl noch lebt? Und wenn, ob er in Rio ist? Er war nie ein Briefeschreiber. Wenn er da war, rief er an. Nun bin ich da.
Ich brauchte ein Telefonbuch. Es gab aber keins im weiten Umkreis. Die Post hatte

zu. Sämtliche Geschäfte hatten zu. Selbst die Kirchen waren geschlossen. Alles wegen Carnaval.

»Bitte, wie komme ich zu einem Telefonbuch?« sprach ich einen Passanten an. (Bißchen brasilianisch kann ich ja noch.)

Auf der Polizei, sagte er. Wenigstens die Polizei hat am Carnaval auf, aber das war ja jetzt auch ihre Hochsaison, was Verhaftungen anbelangt.

Der Mann nahm meinen widerstrebenden Arm und führte mich ab. Polizei kann jeder sagen. Ich sah weit und breit kein Revier. Wer weiß, was der mit mir vorhat. Auf dem Weg warnte er mich dringend vor kriminellen Cariocas.

Wer aber warnte mich vor ihm??

Er zog mich in ein Gebäude, das sich durch nichts als Polizeistelle auswies. Das Untergeschoß war ein leerer, schmutziger Raum, in dem ein paar Elendsfiguren, auf dem nackten Boden kauernd, vor sich hindämmerten. Rechts um die Ecke war ein Lift. Aus ihm stiegen fragwürdige Gestalten.

Nein – neien – da steig ich nicht ein. Wer weiß, wo wir landen! Mein Begleiter mußte

–beschwörend lächelnd – beinahe Gewalt anwenden, um mich hineinzuziehen.
Im ersten Stock stiegen wir aus. Und wissen Sie, wo wir waren? Im Polizeirevier. Wer hätte das gedacht!
Der Reviervorsteher hatte gerade einen jungen Mestizen im Verhör. Als ich ihm mein Anliegen vortrug, ließ er den Knaben stehen, fragte mich nach dem Namen meines Freundes und fing an, in einem der fetten Telefonbücher Rios zu blättern.
Mein Begleiter nahm indessen auf dem Besucherbänkchen zwischen anderen Wartenden Platz und versammelte sich erwartungsvoll um seinen aufgestützten Regenschirm.
Einmal guckte der Polizist verschmitzt auf und fragte, ob es sich bei dem Gesuchten um eine ehemalige Liebe handele.
Ich nickte. »Aber schon lange her.«
Nun interessierten sich alle Anwesenden für meinen Fall. Plötzlich knallte der Polizist seinen Zeigefingernagel triumphierend in eine Namenspalte. »Aqui, Senhora, seu namorado!« (Hier, Madame, Ihr Liebhaber!)
Es gab meinen Freund also noch, und er hatte eine Adresse in Rio.

Der Polizist schrieb mir die Nummer auf einen Zettel, ich wollte mich herzlich bedanken und gehen, aber nix da. Ich mußte ihn sofort, vom Revierapparat aus, anrufen, damit alle um mich herum an diesem Wiederhören nach so vielen Jahren teilhaben konnten.
Nunja, so hatte ich mir das eigentlich nicht vorgestellt, aber was blieb mir übrig –? Ich wählte die Nummer, es tutete mehrmals, ich hielt meinen Zuhörern das Tuten hin.
»Es meldet sich keiner.«
Da waren sie sehr enttäuscht.
Mein Begleiter brachte mich zum Hafentor zurück, um mein Wohl besorgt, als ob ich ihm anvertraut worden wäre. Erst als er mich in Sicherheit wußte, brach er mit halbstündiger Verspätung zu den Tribünen auf. Erst da war ich sicher vor seiner Fürsorge und konnte mich wieder in den Trubel begeben. Das hätte er bestimmt nicht erlaubt.
In den drei Tagen in Rio hörte ich ständig von Mord und Totschlag und brutalen Straßenräubern. Und lernte gleichzeitig besonders liebenswürdige, hilfsbereite, geradezu bezaubernde Menschen kennen.

Laut Drehbuch hat die Fußball-Bordmannschaft gegen eine aus Passagieren gebildete Elf im größten Stadion der Welt – im Estádio Maracanã – in Rio anzutreten.
Das Maracanã ist das Mekka der Fußballfans. Hier schoß Pele sein 500. Tor (hat man mir erzählt). Hier sacken etliche von unseren Fanatikern auf die Knie und rupfen Büschel vom geheiligten Rasen aus. Als Mitbringsel für ihre Söhne, sagen sie. (Immer müssen die armen Kinder als Entschuldigung herhalten.)
Im Maracanã hat es vierzig Grad im Schatten, es gibt bloß keinen außer dem, den unsere Mannen werfen. Und es weht absolut nichts am Grunde dieses Brennglases.
Hans Helmut Dickow und Jürgen von Manger gehören zur Passagierelf. Manger kickt sich haarscharf an einen Kreislaufkollaps heran. (Ach, wenn Drehbuchautoren, die sich am wohltemperierten Schreibtisch die Schauplätze ausdenken, ahnten, was sie Stab und Schauspielern damit manchmal für Strapazen aufbinden. Siehe auch Chichen Itza.)
Bill Pölzelmeyer, der Vielseitige, springt als

Linienrichter ein. Seine erste TV-Rolle – und gleich so eine heiße!

Schon seit Tagen befinden sich Repräsentanten zahlreicher brasilianischer Juweliersfirmen mit Hauptsitz Rio an Bord, von uns kurz die »Schmuckgeier« genannt. Sie verteilen Rohsteine, Visitenkarten, Sonnenhüte, Einkaufstaschen, Sympathien an alleinreisende Damen und Briefe, von denen ich hier einen auszugsweise wiedergebe:
»Sehr geehrter Passagier der SS Astor!
Als Erinnerung von Ihrem Rio-Aufenthalt möchten wir Ihnen mit diesem rohen Amethyst präsentieren ... «
Selbige Firma läßt auch einen Flieger mit Spruchband über unserem einlaufenden Schiff kreisen, auf dem wir »willkommt« werden. Glauben die wirklich im Ernst, daß wir auf ihren Schmus hereinfallen? Eigentlich eine Unverschämtheit, uns für so dämlich zu halten.
Aber bitte, wenn sie uns kostenlos ein Taxi mit deutschsprechendem Führer zur Verfügung stellen – warum sollen wir das nicht ausnutzen? Taxis sind teuer im Carnaval.

Deswegen brauchen wir noch längst keinen Schmuck zu kaufen.

An der Bushaltestelle gabelte ich die Frau von Wieland Liebske, dem Regieassistenten, auf. »Kommen Sie mit, jetzt lassen wir uns Rio zeigen.«
Unser Taxifahrer war ein arbeitsloser Architekturstudent, eine arbeitslose junge Deutschlehrerin spielte den Bärenführer. Wir kurvten aus den Carnaval-Straßen, in denen an diesem Morgen noch Betrunkene schliefen und der Müll der vergangenen Nacht in riesigen Regenlachen Kahn fuhr, zu den malerischen Hügeln hinauf. Tropenwälder, verträumte Villenviertel und Slums – Favelas genannt – schwingen hier ineinander über.
Fünf Stunden fuhren wir auf und ab durch Schönheit und ausweglose Armut, die der Carnaval für ein paar Tage grell überschminkt hatte.
Häufige Stimmungstiefs verdonnern mich zum Schwarzsehen, auch wenn ich keinen triftigen Grund dafür habe. Ich bin sozusagen ein Depressionist. Um so mehr bezau-

bert mich die Heiterkeit unserer Führer, die in diesem bankrotten Land so wenig Grund zum Lachen haben. Als wir uns nach fünf Stunden Rio trennen, verabschieden wir uns als Freunde.

Habe ich fünf Stunden gesagt? Du liebes Lieschen! Wenn das ihre Auftraggeber wüßten! Dann wären Anna und João ihren dringend benötigten Aushilfsjob los, denn in dieser Zeit hätten sie zehn andere Kunden in die Schmuckfilialen der Firma abschleppen können, Kunden, die wirklich die Absicht hatten, etwas zu kaufen.

Wenigstens den beiden zuliebe sollten wir das Geschäft an der Copacabana betreten. Und so tun, als ob wir uns wirklich für Schmuck interessieren würden. Das sind wir ihnen schuldig für diesen wunderschönen Tag.

Christian Wölffer, Regisseur, Theaterbesitzer und Mann von Chariklia Baxevanos, schildert später in Harry's New York Bar, wie es den meisten von uns ergangen ist:

»Nachdem wir uns stundenlang umsonst haben rumfahren lassen, meinte Baxi, wir sollten wenigstens anstandhalber beim

Juwelier reingucken. Bloß reingucken. Zwei Minuten. Länger nicht. Okay, guck du, habe ich gesagt, ich warte draußen. Ich wartete also und wartete. Die Sonne sank hinter die Zinnen, ein Bettler schenkte mir Erdnüsse, es kam die Dämmerung, bloß Baxi kam nicht wieder. Der wird doch nichts passiert sein? Ich also rein in den Laden. Da saß mein Weib und probierte sich durch sämtliche Schmuckauslagen. Sah mich abwesend an. Was willst du denn? War fest in den Krallen der Geier. Und ich sage euch, es ist ein Wunder, daß ich nich selber mit nem Ring im Ohr wieder rausgekommen bin.«
Das waren fürwahr die teuersten kostenlosen Taxifahrten, die wir je gemacht haben.

Abschied von Rio, der schönstgelegenen Stadt der Welt. Die untergehende Sonne vergoldet die Fensterfronten der Hochhäuser am Hafen, dahinter fast durchsichtig im diesigen Dämmer eine Kette von Hügeln, Inseln, Buchten, Bergen und immer neuen Buchten, Bergen und Inseln und jetzt alle Farben auf einmal am Himmel – ein zerfließendes Feuerwerk der untergehenden

Sonne, das sich im dunkelblauen Wasser spiegelt. Erste Lichter gehen an, als wir an Copacabana vorbeifahren: Die Astor tutet Lebwohl. Der Strand von Ipanema nun schon in tiefer Dämmerung. Über Millionen Lichtern der angestrahlte Christus auf dem Corcovado, der Zuckerhut und eine lodernd brennende Bergkuppe.

Die Nacht ist jetzt schwarz bis auf den Sternenhimmel, und immer neue Lichterketten in immer neu auftauchenden Buchten.

Es gibt keinen ausführlicheren und keinen sentimentaleren Abschied von einer Stadt als zu Schiff. Man hat viel Zeit zurückzuschauen und zurückzudenken.

Adeus, Rio, e saudades a meu grande amigo! Stell dir vor, großer Freund, ich war endlich hier und du warst nicht da. Ein Carioca hat mir eine gekerbte Telefonmünze geschenkt, damit ich dich anrufen konnte. Ich bin die Münze nicht losgeworden, denn bei dir hat sich niemand gemeldet. Que pena – schadeschadeschade . . .

Wir werden Rio nicht so bald vergessen, und Rio, zumindest das Hafenviertel, wird sich gern an unser Duo Valentin-Volkmann, auch »die Schwestern Fürchterlich« genannt, erinnern. Beim Sambatanzen in der Floridabar war Barbaras BH den schwingenden Belastungen nicht mehr gewachsen, er riß und soll dann später leer und schlapp an einem Mast gehangen haben. Um so massiver füllte er anschließend die Klatschspalten der teutonischen Boulevardpresse.
Im Bordfernsehen lief übrigens ein Film mit der Valentin. Darin war sie ausgezeichnet. Aber davon spricht keiner.
Letzte Nacht auf See. Zum letzten Mal das beruhigende rhythmische Stampfen der Maschinen unterm Po. Das kaum merkliche Wiegen beim Einschlafen. Wie leicht kann man sich an die christliche Seefahrt gewöhnen. Gegen ein Uhr nachts ruft mich der Bordfunker an. »Ihr Gespräch nach Starnberg.«
Natürlich könnte ich von der Kabine aus telefonieren. Aber von der Funkstation ist der Empfang besser, und außerdem gefällt mir die Atmosphäre da oben so gut. Bei aller

kühlen Technik ist es eine gemütliche nächtliche Oase, in der es piept, rauscht, in der Töne und Stimmen wellenartig schwingen – und plötzlich ganz klar das Tuten von unserm Kreisstadttelefon. Und wie von nebenan ein total verschlafenes »Hallo?«
»Hallo, Janusch!«
»Mami –!« Irgendwie ist das schön, über die halbe Welt hinweg von einem inzwischen erwachsenen jungen Mann »Mami« gerufen zu werden. Zu Haus ist alles gesund, keine Katastrophen, man freut sich auf mein Kommen. »Ich hol dich ab . . .«

Montevideo ist unsere letzte Station vor dem Rückflug. Als ich morgens das Radio andrehe, höre ich getragene, sentimentale Musik. Nach der Droge Samba klingt das wie »Waldeslust« auf spanisch.
Ich kaufe mir eine Sightseeing-Tour für 48 Mark. Auf dieser werden nicht vorhandene Sehenswürdigkeiten von der deutschsprechenden Reiseleiterin durch glühende patriotische Reden ersetzt, in denen die Brasilianer ganz mies abschneiden. Das nehme ich ihr übel.

In Montevideo gibt es viele Oldtimer, nicht etwa, weil hier Hobbysammler wohnen, sondern weil Neuwagen unerschwinglich teuer sind. In Montevideo gibt es auch Gartenzwerge.
Am Hafen erwarten uns diesmal keine Schmuckgeier, sondern Lederschlepper. Leder ist billig in Montevideo.
Beim Lunch erscheint Sascha Hehn in einer hellen Lammfelljacke. Nunja, in Montevideo ist es kühl im Vergleich zu Rio, höchstens 27 Grad im Schatten. Waas?? Die Jacke hat er hier gekauft? Für wieviel? Das darf nicht wahr sein! Bei uns zu Hause kostet so ein Ding das Doppelte, wenn nicht mehr. Brauchen wir eine Lammfelljacke? Nein.
Auf zu den Lederhändlern.
Unterwegs begegnen wir dem Chefkoch mit seiner Frau. Seine Schuhe sind hin, er braucht dringend neue.
Im Lederlager trifft sich unsere gesamte Truppe, wühlt in den Regalen, schiebt die Bügel auf den Ständern hin und her, probiert ein Stück nach dem andern an. Zupft Felldecken aus dem obersten Stockwerk, der Rest fliegt gleich mit herunter.

Claudia Rieschel und Jochen Schroeder finden ein Patchwork-Mäntelchen für eine Dreijährige. So was Niedliches. »Wem könnte ich damit wohl eine Freude machen?« überlegt Claudia.
»Mir, wenn Se es mechten kaufen«, antwortet eine Männerstimme aus dem Hintergrund. Sie gehört dem Ladenbesitzer, der vor vielen Jahren hierher ausgewandert ist. Auf dem Rückweg zum Schiff begegne ich dem Chefkoch. Er trägt noch immer seine alten Schuhe, dafür hat seine Frau einen preisgünstigen Pelzmantel überm Arm.

Jeder von uns hat Gepäck angesammelt, als ob er in die Türkei auf Heimaturlaub reisen will. Und was für Sachen –! Gedörrte Piranhas, mit und ohne Aschenbecher. Zahllose Sonnenhüte. Schmetterlingskästen. Bleischwere Flaschen mit bunten Sandgemälden – eine Spezialität aus Fortaleza. Es gibt sogar den Papst aus Sand. Lederne Patchwork-Decken. Jede Menge Handtaschen. Pfeil und Bogen. Vogelkäfige. Indianische Blasrohre. Klöppeldecken und und und ... und natürlich größere Sammlungen von Steinen,

Muscheln, Hölzern, Pflanzen, Streichholzbriefchen . . .
Wenn unsere Kinder es wagen würden, all diesen Krempel mit nach Hause zu nehmen, kriegten sie garantiert eins aufs Dach.
Darauf würden sie toben und greinen.
Damit uns jetzt nicht selber die Tränen vor Kummer kommen, nehmen wir alles, alles mit.

Neben der Astor parken die Busse, die uns zum Flughafen bringen sollen. Hinter mir sitzt Kapitän Krüger mit seiner Frau, und auf seinem Finger sitzt Carmen, sein junger Amazonaspapagei. Zwei Monate hat Krüger Urlaub. Der hat gerade begonnen.
Sobald er sein Schiff verläßt, hat er nichts mehr zu sagen. Er ist nun abhängig von einem Busfahrer. Das macht ihn hilflos, ungeduldig. »Wieso fahr'n wir nicht endlich ab?« räsoniert er. »Sind doch alle drin. Worauf warten wir denn noch? Um zwei geht unsere Maschine. Jetzt ist es fünf vor halb zwei. Aua, Carmen, nich Papi kneifen – was mich stört, ist diese schmale Kalkulation. Der Fahrer muß doch die Möglichkeit eines

Platten unterwegs mit einrechnen ... aua Carmen, laß das – was ist denn nun?«
Wir können nicht abfahren, weil wir noch auf die patriotische Reiseleiterin warten müssen. Dabei – wozu brauchen wir eine auf dem direkten Wege zum Flughafen?
Da ist sie endlich. Mit ihrer hohen, zum Verzweifeln munteren Stimme begrüßt sie uns aufs herzlichste und schlägt noch einen kleinen Umweg vor, damit diejenigen, die das Parlament und das Denkmal und das andere Denkmal noch nicht gesehen haben, das Parlament und das Denkmal und das andere Denkmal und natürlich noch das Stadion würdigen können. Und ob wir sonst noch Besichtigungswünsche hätten.
»Den Hauptbahnhof!« ruft Krüger, und ein anderer möchte zum städtischen Puff.
Die Patriotin ist richtig traurig, daß sie uns nicht auch noch den idyllischen Golfplatz zeigen kann, aber die Zeit ist knapp. Um zwei Uhr geht unsere Maschine.
»Es ist bereits zwei«, brüllen wir.
Ach, wirklich? Dann müssen wir uns ja sputen. Sie spricht ein paar Worte mit dem

Fahrer, darauf gibt der Vollgas und rast bei Rot über die Kreuzung.
Noch einmal hebt die Patriotin ihre hohe Stimme um eine halbe Oktave an: »Und jetzt, meine Damen und Herren, sehen Sie gleich rechts das Meer.«
Das freut besonders Ivan Desny, hat er den Anblick desselben doch seit drei Wochen schmerzlich vermißt.
Wegen unserer großen Verspätung werden die Busse direkt vor die Haustür des Lufthansajumbos geleitet.
Wir buckeln unser sperriges Gepäck die Gangway hoch. Gleich am Einstieg stapeln sich deutsche Zeitungen mit dem heutigen Datum. Aktuelle Zeitungen! Die haben wir während der ganzen Reise nicht gesehen.
Rademann, unser Gazettomane, schnappt sich von jeder ein Exemplar und wird bald unter raschelnden Blättern verschwinden wie ein Penner auf einer Parkbank.
Wir starten. Ein letzter Blick auf den Hafen. Da liegt die Astor spielzeugklein.
Ach ja, Schiffchenfahren war schön.

Der Jumbo zieht eine Schleife Richtung São

Paulo. Aus der Tiefe steigen dunkelviolette Kohlköpfe an langen Hälsen – Gewitterwolken, in denen Blitze zucken. Auf einmal öffnet sich der Himmel. Über Küste und Meer schwingt ein gigantischer Regenbogen. Wie lang der wohl sein mag und wie hoch? Kann mir das mal einer sagen?
Nun fliegen wir über der fetten, buckligen Wolkendecke.
Ich schlage erwartungsvoll meine Zeitung auseinander und lese: Atomraketen – politisches Säbelrasseln – Milliardendefizite – Arbeitslosigkeit – Konkurse – Waldsterben – Giftmüll ... und stopfe die Zeitung unter den Sitz.
Nein, bitte, heute noch nicht. Das hat Zeit bis morgen früh beim Anflug auf Heimat.
Drei Wochen lang habe ich alles Unerfreuliche aus Europa total verdrängt. Wie war das möglich?
»Was fragste«, sagt Wolfgang Rademann, »is doch janz einfach. Du warst ebend auf'm Traumschiff.«
Ahja, natürlich. Dort kommen einem schon mal die Realitäten abhanden.

Im Oktober 1983 wurde die Hamburgerin MS Astor wegen zu hoher Verschuldung an eine südafrikanische Reederei verkauft. Es heißt, daß sie in der Taille zersägt, um ein Stück Rumpf verlängert und dann als schwimmendes Spielcasino vor der südafrikanischen Küste ausgesetzt werden soll.
Wenn Käpt'n Krüger und seine prima Besatzung Anfang nächsten Jahres von Bord gehen, verlieren sie nicht nur ihren Job, sondern auch ein Zuhause.
Denn die Astor ist ja nicht irgendein Luxusliner. Die vergißt so leicht keiner, der mal mit ihr gefahren ist.

*Barbara Noack*
# Drei sind einer zuviel

Heiterer Roman · 320 Seiten · Leinen

Nach seinem Examen in München verschlägt es den Junglehrer Peter Melchior in den kleinen Ort Nebel im Bayerischen Wald, wo auf einem heruntergekommenen Bauernhof Benedikt Kreuzer, ein arbeitsloser junger Berliner Architekt, das Landleben übt. Daß beide bald Freudschaft schließen, liegt an dem Mädchen »Karlchen«, das eines Tages unbekümmert in ihr Junggesellentum hineinplatzt. Sie sorgt dafür, daß sich die beiden zusammentun, und nun wird der Bayerische Wald, speziell der Schmalzerhof, für Karlchen zum bevorzugten Reisegebiet, während sie eigentlich Keramik aus der Töpferei ihres Onkels verkaufen sollte.
Über all den köstlichen Alltagserlebnissen, die den dreien in ihrer Idylle in Nebel widerfahren, liegt ein Hauch von Romantik und unausgesprochenen Gefühlen …

*Barbara Noack*

# Flöhe hüten ist leichter

*Heitere Geschichten*

208 Seiten mit 10 Zeichnungen von Peter Schimmel · Leinen

»Flöhe hüten ist leichter« ist eine neue Sammlung herrlicher Geschichten um Philip, Daniel, Anette, Max, Benjamin, Norbert und all die anderen, von den ganz Kleinen, die noch hilflos den Erwachsenen ausgeliefert sind, bis zu den fast schon Großen, die die schmerzliche Schwelle zum Erwachsenwerden überschreiten müssen: ein Buch, das eine Brücke zwischen den Generationen schlägt.

Die großen Erfolge von
*Barbara Noack*

*»Eine Handvoll Glück«*
Roman · 360 Seiten · Leinen

*Der Bastian*
Roman · 320 Seiten · Leinen

*Das kommt davon, wenn man verreist*
Ein heiterer Roman
288 Seiten · Leinen

*Flöhe hüten ist leichter*
Heitere Geschichten
208 Seiten und 10 Zeichnungen von Peter Schimmel · Leinen

*Liebesgeschichten*
4 Romane · Was halten Sie vom Mondschein? · Die Zürcher Verlobung · Ein Kurfürst für Mariechen · ... und flogen achtkantig aus dem Paradies
352 Seiten · Leinen

*Auf einmal sind sie keine Kinder mehr*
192 Seiten mit Ill. von Wilhelm Busch · Leinen

*Drei Romane*
Italienreise · Liebe inbegriffen · Ein gewisser Herr Ypsilon · Valentine heißt man nicht
352 Seiten · Leinen

*Geliebtes Scheusal*
248 Seiten · Leinen
SONDERREIHE

*Eines Knaben Phantasie hat meistens schwarze Knie*
224 Seiten · Leinen
SONDERREIHE

LANGEN MÜLLER